나는 왜 꾸물거릴까?

나는 왜 꾸물거릴까?

미루는 습관을
타파하는
성향별 맞춤 심리학

이동귀 · 손하림 · 김서영 · 이나희 · 오현주 지음
(연세대학교 상담심리연구실)

21세기북스

❋ 프롤로그 ❋

째깍거리는 시계 초침처럼 마감 기한이 다가오는데, 아무것도 손에 잡히지 않는 불편한 상태로 가만있어 본 적이 있는가? 해야 한다는 걸 모르는 게 아니다. 그렇지만 꾸물거린다. 그러고는 마음이 편치가 않다. 제때 일을 마치지 못했을 때 예상되는 그 불편함이랄까. 그런데도 사람들은 왜 일을 미루는 것일까?

이 책은 '우리가 꾸물거리는 이유'에 대해 탐구하는 글이다. 이 글의 선임 필자는 20여 년간 다양한 장면에서 연구와 강의, 그리고 상담을 해온 상담심리학자이다. 대학교에서 매 학기 학생들에게 보고서 제출 과제를 낸다. 보통 학기 초에 과제를 부여하고 학기 말 마감일 자정까지 특정 온라인 사이트에 파일을 탑재하도록 요청한다. 자정이 지나면 제출할 수 없고, 그 경우 0점 처리한다.

학생들은 보고서를 언제 많이 제출할까? 마감 당일이다. 3분의 1 이상의 학생이 자정을 10분 남긴 밤 11시 50분부터 제출하기 시작한다. 괜찮다. 아직 10분이 남았으니까. 그런데 그중 3분의 1은 밤 11시 57분에 제출한다. 그래도 괜찮다. 아직 3분의 여유가 있으니까. 그런데 그중 3분의 1은 마감 1분을 남긴 11시 59분에 제출한다. 아슬아슬하다. 왜 이렇게 위험을 감수할까? 완벽주의라서? 아니다. 11시 59분에 제출한 보고서 중 상당수는 오탈자가 눈에 띄는, 완성도가 떨어지는 보고서다.

그런데 이보다 더 놀라운 학생들이 있다. 이들은 자정까지 보고서를 제출하지 못하고, 담당 교수에게 개인적으로 보고서 파일이 첨부된 이메일을 보내는 학생들이다. 각자의 기구한 사연을 담은 긴 이메일이 온다. 어떤 이는 11시 59분에 분명히 파일 보내기 버튼을 클릭했는데, 갑자기 모니터 화면에 모래시계 모양이 나타나면서 잠김 상태가 되었다고 말한다. 또 어떤 이는 화면이 갑자기 파란색으로 바뀌면서 치명적 오류(fatal error) 메시지가 나타나고, 컴퓨터가 다운되었다고 말한다.

왜들 이러는 걸까? 학생들에게는 3개월 이상의 준비 기간이 있었고, 학기 중간중간에 보고서 과제 제출에 관해 여러 번 리마인더 공지를 한 바 있는데 말이다. 혹자는 이들이 시간 관리를 잘못해서 그렇다고 하고, 혹자는 이들이 일을 너무 완벽하고 꼼꼼하게 하려다 보니 진도가 안 나가서 그렇다고 말한다. 과연 그런가? 이 책을 통해 독자들은 이들이 꾸물거리는 이유와 그 기저의 심리적 메커니즘을 더욱 잘 이해하게 될 것이다.

꾸물거리는 사람들과 이야기해보면 흔히 자신이 "게으르다"고 말한다. 한 번씩 마감 기한을 어기고 나면 위축된다. 그러고는 다짐한다. 다음에는 달라질 거라고, 이제 일찍 시작하겠다고. 그런데 문제가 있다. 마치 술 마시고 속이 뒤틀려본 사람들이 다시는 술을 마시지 않겠노라고 다짐하지만, 다음번 술자리에서 다시 파도타기를 하는 것처럼, 이들은 다음에도 또 꾸물거림을 벗어나지 못하곤 한다. 실패다!

여기에서 한 가지 확실하게 알 수 있는 건 꾸물거리는 행동이 일회적 현상이 아니라는 점이다. 습관이다. 한 번 습관이 들면 단축키가 형성되기 때문에 비슷한 행동으로 수렴될 가능성이 크고, 반복된 실패감은 우울과 무기력으로 이어진다. 꾸물거림을 촉발하는 심리적 기제에 대한 이해와 대처 없이는 미루기 습관의 반복을 피할 수 없다.

각종 자기계발서를 통해 다양한 '미루기 타파 기술'을 접할 수 있다. 촘촘한 시간 계획 짜기, 25분 일하고 5분 쉬는 루틴 구사하기, 과제 수행에 걸리는 예상 시간과 실제 소요 시간 사이의 간극을 줄이기, 할 일을 15분 단위로 분해해서 행동 중심으로 실천하기, 행동을 즉시 시작할 자신만의 주문 만들기 등등. 주위엔 유용한 제안들이 넘쳐난다.

자기 관리 분야에도 빈익빈 부익부의 원리가 작동한다. 관리를 잘하는 사람에게는 이러한 전략을 활용하는 것이 수월하기도 하고, 또 더 좋은 결과를 가져온다. 그러나 관리가 어려운 사람은 이러한 전략을 적용하기 어렵다. 작심삼일이 되는 경우가 많은 것이다. 무엇보다 안타까운 것은 '나는 뭘 해도 안 돼'라는 부정적인 생각이 강화된다는 점이다. 꾸물거리는 이유를 이해하지 않고 꾸물거리는 행동 수정에 바로 뛰어드는 경우, 일시적인 개선 효과가 나타날 수는 있다. 그러나 장기적이고 근본적인 변화로 이어지기는 어렵다. 그러면 또 다른 '효과적인' 기술을 찾아 나서게 된다. 이 책은 바로 이런 사람들을 위한 것이다.

이 책의 특징은 다음과 같다. 첫째, 미루기 행동에서 연상되는 부정적인 이미지를 지우고자 함이다. 꾸물거리는 사람들이 흔히 자신에게 부여하는 '게으른 이미지'에 반대한다. 그들은 대개 게으르다기보다는 일을 너무 잘하고 싶어 하는 사람들이다. 너무 잘하려고 하고 여러 가지를 신경 쓰다 보면, 막상 일을 시작하거나 마무리하는

데 힘이 든다. 이 책이 '미루기'보다 중립적인 단어인 '꾸물거림'을 사용하는 이유이다.

둘째, 꾸물거리는 이유(why)에 중점을 둔다. 꾸물거림을 극복하는 방법(how)은 다른 책을 참고하기 바란다. 다시 강조하지만, 자신이 꾸물거리는 이유를 충분히 이해하지 못한 채 행동 전략에만 천착할 경우 실패를 반복할 가능성이 크다. 따라서 이 책에서는 이러저러하게 행동해야 한다는 제언을 최소화하려고 하였다.

셋째, 이 책은 꾸물거리는 사람들이 경험하는 어려움에 대한 위로나 단순한 공감보다는 꾸물거리는 이유에 대한 인지적 이해, 그리고 더 바람직한 마인드셋을 검토할 기회 제공에 주안점을 두었다.

이 책은 프롤로그와 에필로그를 제외한 총 6개의 장으로 구성되어 있다. 1장에서는 '사람들은 왜 꾸물거릴까?'에 대한 저자들의 관점을 제시한다. 독자들은 1장을 먼저 읽기를 바란다. 2장부터 6장까지는 꾸물거리는 데 영향을 미치는 다섯 가지 성향, 그리고 이 성향들이 어떻게 꾸물거리는 행동으로 이어지는지를 탐색한다. 근거가 되는 관련 연구들은 가독성을 위해 본문에 연번으로 표시하고, 참고문헌은 책의 후반부에 일괄 제시하였다. 2장부터 6장까지는 어느 장을 먼저 읽어도 상관없다. 독자 여러분에게 좀 더 와닿는 장을 먼저 읽기 바란다.

이 책은 연세대학교 상담심리연구실에서 꾸물거림 관련 연구와 상담을 전공하는 다섯 명이 의기투합해서 출간했다. 집필 과정에 3년 가까운 시간이 투여되었으며, 많은 문헌 고찰, 토론 및 수정 작업을 거쳤다. 함께 고민하고 노력했던 시간을 소중하게 생각한다. 특히 이 책 전반에 걸쳐서 많은 유용한 피드백을 해주신 임현우 교수님께 감사드린다. 아울러 이 책의 초기 원고에 세세한 피드백을 해준 다섯 명의 독자들께도 고마움을 전한다. 책의 출판을 허락해주신 북이십일 김영곤 사장님, 정지은 이사님, 양으녕 팀장님, 그리고 서진교 에디터님께 감사한다.

이 책을 통해 자신이 왜 꾸물거리는지, 그 이유를 명확히 이해하고 나면, 결국 일을 할 때는 '한순간에 한 가지 일밖에 할 수 없다'는 평범한 진리에 닿게 될 것이다. 꾸물거림으로 고민하는 모든 사람, 꾸물거리는 이들과 함께 작업하는 사람들에게 이 책이 꾸물거리는 이유에 대한 새로운 조망을 갖게 되는 데 도움이 되기를, 그리고 그들의 삶이 꾸물거림의 강을 넘어 보람과 기쁨으로 이어지기를 바라는 집필진의 마음이 부디 닿기를 소망한다.

2023년 11월
필자 대표 이동귀

차례

3장 자기 비난 경향성
"또 미루는 나, 다시 태어나는 게 답인가?"

4장 현실에 대한 저항성

“급한 건 알겠는데 지금은 할 기분이 아니라고!”

5장 완벽주의 성향

“진심으로 했는데 엉망이면 어떡하지?”

6장 자극 추구 성향

"재밌으면 나도 안 미뤘지!"

1장

사람들은 왜 꾸물거릴까?

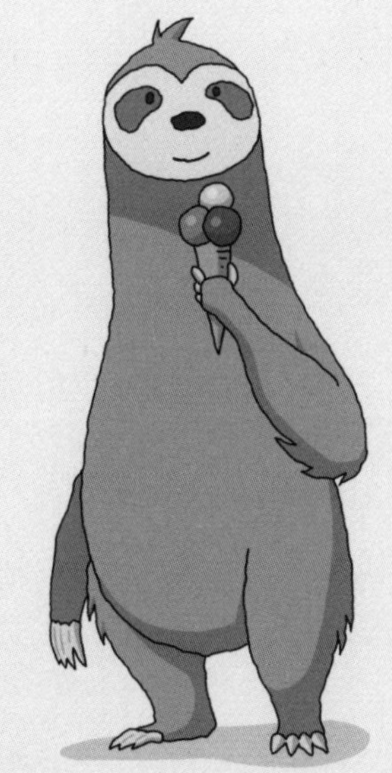

• • •

꾸물거림이란 무엇일까?

꾸물거림에는 전제가 있다. 바로 '해야 할 일이 있다'는 것이다. 할 일을 미루는 행동을 심리학에서는 꾸물거림, 학술 용어로는 '지연 행동(procrastination)'이라고 한다.[1] 꾸물거림은 일종의 감정과 행동의 교착 상태를 의미한다. 꾸물거리는 사람은 "지금 해야 한다는 건 아는데 하기 싫다"고 말하곤 한다. 일할 필요성은 느끼지만, 실행을 방해하는 감정과 생각이 필요성과 팽팽하게 줄다리기를 하고 있다.

학교나 직장생활을 하다 보면 규칙적으로 돌아오는 일들이 있다. 업무 보고, 서류 제출, 교육 이수처럼 주기적으로 해야 하는 일들이 처음에는 낯설다. 그러나 몇 번 지나면 낯선 이유를 곧 파악하게 된다. 이런 일들은 이제 예상할 수 있으니, 미리 해버릴 수 있지 않을까? 하지만 많은 경우 그렇게 되질 않는다. 오히려 하지 않으면 안 될 때까지 최대한 미뤘다가 마감 시간이 다 되어야 부랴부랴 일을 시작한다. 한바탕 홍역을 치르고 녹초가 되면, 문득 현실을 자각하게 된다. '나는 이렇게 바쁜데 다른 사람들은 왜 저렇게 여유로워 보이지?'

이럴 때 사람들은 흔히 자신의 꾸물거림을 시간 관리 실패로 진단한다. 그러면서 효과적인 시간 관리 전략을 자신에게 처방한다. 모바일 시간 관리 앱, 할 일 목록 일정표, 다이어리를 모두 동원하여 시간을 되찾으려고 한다. 하지만 어떤 시간 관리 도구도 삶에 떠밀려 가는 나를 쉽게 붙잡아주지 못한다. 시간 관리를 하려고 나름 노력했지만, 꾸물거림을 해결하지 못했다는 것은 꾸물거림의 원인이 다른 데 있음을 시사한다.

꾸물거림은 시간 관리의 문제가 아니라 감정 조절의 문제이다. 독일 보훔대학교의 에르한 겐츠(Erhan Genç) 교수 연구팀은 이와 관련된 흥미로운 연구 결과를 제시했다.[2] 미루는 습관이 있는 사람들의 뇌 영상을 분석해보니, 감정 조절에 관여하는 뇌 부위인 '편도체(amygdala)'의 크기가 할 일을 미루지 않는 사람보다 더 컸다. 게다가 감정을 조절하고 이성적 판단을 하도록 하는 '배측전방대상피질(Dorsal Anterior Cingulate Cortex: DACC)'의 반응은 더 느렸다. 편도체 활성화는 교감신경 항진과 호르몬 분비 같은 신체 반응으로 이어진다. 편도체의 크기가 크면 이러한 기능이 과활성화되어 배측전방대상피질의 기능을 방해하게 된다.

감정을 조절하려면 뇌의 편도체와 배측전방대상피질의 연결이 중요하다. 편도체에서 배측전방대상피질로 정보가 전달되면, 다시 몸에 필요한 반응을 하도록 지시해서 감정이나 고통을 조절할 수 있기 때문이다. 예를 들어, 편도체가 큰 사람들은 익숙하지 않은 과제를 맞닥뜨릴 때 더 강한 불안을 느낄 수 있는데, 거기에다 불안을 조절해줄 배측전방대상피질과의 연결성이 떨어지니 이를 조절하는 힘이 부족해서 일을 시작하기 전에 망설이거나 미루게 되는 것이다.

많은 사람이 꾸물거림을 게으른 성격 탓이라고 진단한다. 근면성실이 중요한 한국 사회에서 꾸물거림은 게으른 성격으로 질타받기 쉽다. 하지만 꾸물거림은 타고난 기질이나 성격이 아니라 일종의 '감정적 교착 상태'로 인한 행동적 결과이다. 성격이란 한 사람이 어떤 상황에서나 일관적이고 지속적으로 보여주는 패턴이다.[3]

하지만 꾸물거림은 다르다. 공부나 일은 미루지만, 자신이 좋아하는 취미 활동은 미루지 않는다. 보고서 작성은 미루지만, 휴식 시간은 미루지 않는다. 꾸물거림이 성격이라면, 공부든 일이든 휴식이든 상관없이 꾸물거려야 할 것이다. 하지만 꾸물거림은 과제의 특성, 상황에 따라 달라진다. 그래서 꾸물거림은 성격 그 자체라기보다 마음속의 교착 상태가 겉으로 드러난 상태라는 쪽이 설득력이 있다.

'하긴 할 건데 지금 하기는 싫다' 같은 꾸물거림의 교착 상태에 빠지게 되는 근본 원인은 '양가감정(ambivalence)'에 있다.[4,5] 양가감정은 상호 대립하는 두 마음이 공존하는 상태이다. 하고 싶은 마음이 있다. 하지만 동시에 하기 싫은 이유도 '많다'.

그 일을 잘 해내지 못할까 봐

내 능력이 충분하지 않을까 봐

사람들이 비협조적일까 봐

내가 잘못하면 다른 사람들이 부정적인 평가를 할까 봐

일 때문에 놀지 못할까 봐

그냥 하기 싫어서

이렇게 이유도 종류도 다양하다. 이러지도 저러지도 못하는 교착 상태에 빠져 꾸물거리면서 시간을 소모하다 발등에 불이 떨어지면, 그때야 '이러다 진짜 큰일 난다'는 위기감이 교착 상태를 깨뜨린다. 위기감에 불안감이 더해져서 몰아치듯 일을 마치면, 성취감을 느끼기보다는 위기를 모면했다는 안도감만이 남는다. 아예 마감 기한을 놓쳐 곤란한 상황에 처할 때도 많다. 몸도 마음도 지쳐서 다음번에는 달라질 거라고 결심하지만 꾸물거림은 반복된다.

그러면 우리는 대체 왜 꾸물거리는 것일까? 이 '왜(why)'라는 질문으로부터 변화의 여정이 시작된다. 이때의 '왜'는 '왜 이렇게 게을러?'와 같은 질책이 아니다. 변화할 의지가 전혀 없다면, 이런 질문 자체가 생기지 않았을 것이다. 꾸물거리는 행동이 왜 반복되는지 궁금해졌다는 것은 변화를 위한 중요한 진전이라고 할 수 있다. 그럼 나는 언제, 그리고 왜 꾸물거리는 것일까?

나는 언제 꾸물거릴까?

꾸물거림은 크게 보면 일을 실행하는 과정에서 실패한 것이라고 할 수 있다. 일할 의도는 분명 있었지만, 실행으로 옮기지 못했고, 결과적으로 목표를 달성하지 못했다. 꾸물거림은 일을 처리하는 과정에서 생기는 현상이기 때문에, 이 과정과 꾸물거림을 연결 지어볼 필요가 있다. 일 처리 과정과 관련하여, 미국 뉴욕대학교의 심리학자인 피터 골위처(Peter Gollwitzer)는 행동 단계 모델(Model of Action Phases)을 제시하였다.[6] 2022년에 이 모델을 바탕으로 서울대학교 연구팀에서 특히 한국인들이 일 처리 과정에서 어떻게 꾸물거리는지 조사하였다.

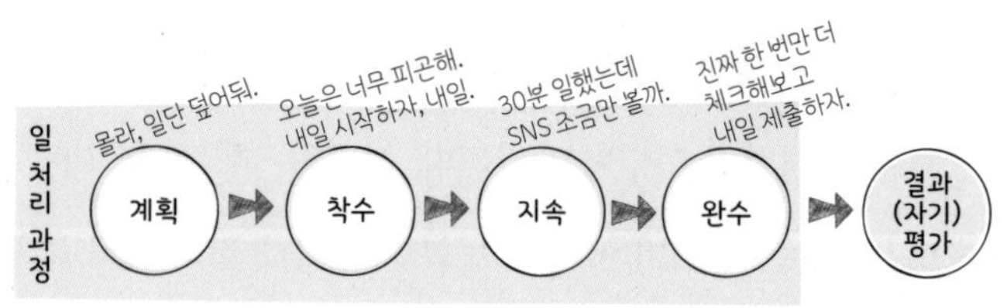

일 처리 단계별 꾸물거림

연구 결과에 의하면, 일 처리 과정에는 크게 네 개의 꾸물거림의 지점이 있고, 그 결과를 평가하는 다섯 번째 단계도 있었다. 우리는 보통 뭉뚱그려서 일 전체를 미루고 있다고 느끼지만, 사실은 사람마다 유난히 교착 상태에 빠지는 지점이 다를 수 있다. 예를 들어, 계획까지는 잘 세웠는데 착수가 안 되는 사람도 있고, 계획도 잘하고 착수도 잘했는데 지구력이 약해서 지속이나 완수가 어려울 수도 있다. 나는 어느 단계에서 꾸물거릴까?

첫 번째는 '계획 지연'이다. 일 처리의 첫 단계는 계획인데, 시작도 하기 전에 불안해지거나 다양한 부정적인 생각 때문에 계획 수립을 미루는 것이다. 불안하니까 빨리 시작할 것이라고 예상했겠지만, 불안의 파트너는 회피라서 일을 피해 미루는 경우가 많다.[7] 서울대학교 허효선 박사의 계획 지연 수준을 평가하는 문항 예시는 다음과 같다.[8] "과제가 주어지면, 일단 나중에 생각하기로 한다." 익숙한가? 이렇게 계획을 미루면서 무한정 대기 상태에 머무는 것이 '계획 지연'이다.

두 번째는 '착수 지연'이다. 어찌어찌 계획은 세웠지만, '착수', 즉 계획 실행 단계에서 꾸물거리는 것이다. 무엇을 해야 할지 알지만, 막상 시작을 못 한다. 착수 지연 수준을 평가하는 대표 문항은 "더 빨리 시작하기로 마음을 먹었음에도 불구하고 마지막 순간까지 시작하기를 미룬다"이다. 계획과 실행이 따로 놀아서 기껏 열심히 세운 계획도 무용지물이 되고 만다.

세 번째는 '지속 지연'이다. 지속 지연은 간신히 일을 시작했지만, 중간에 딴짓하는 경우와 중도 포기하는 것을 포함한다. 딴짓하다가 막판에 서둘러서 하긴 할 것인가? 혹은 중단하고 포기할 것인가의 기로에 놓인다. 예를 들어, 직장인들은 일을 안 하는 게 불가능하기 때문에 결국에는 엉성한 결과라도 만들어내야 하는 상황의 압력이 있다. 그래서 딴 길로 샜다가도 결국 하긴 하는 것이다. 학생의 경우에도 학점이 신경 쓰인다면, 어떻게든 과제를 기한 내에 제출하긴 할 것이다. 혹은 과제 자체를 포기해버리는 경우도 있을 것이다.

네 번째는 '완수 지연'이다. 예를 들어, 보고서를 거의 다 쓰긴 했는데, 어딘지 모르게 미진한 느낌이 들어서 마무리를 짓지 못하는 것이다. 아쉬운 마음에 '조금만 더'를 외치다가 결과적으로 기한을 준수하지 못하기도 한다. 완수 지연 수준을 평가하는 문항 중 "빨리 끝낼 수 있는 과제라도 이상하게 완성을 미루게 된다"가 대표적이다.

이렇게 일 처리 과정 중 네 개의 단계에서 꾸물거림이 발생할 수 있는데, 아직 끝난 것이 아니다. 마지막 단계가 남아 있다. 바로 '평가'이다. 자신의 꾸물거림 행동을 평가하는 것이다. 꾸물거린 사람은 보통 자신의 행동을 되짚어보며 후회한다. 결과물이 불만족스럽고 스트레스도 커서 이제는 정말 달라져야겠다는 문제의식을 느낀다. 이렇게 달라져야겠다는 필요성을 느끼면서도 아무 변화가 없다면, 이 만성적인 꾸물거림의 종착지는 결국 우울과 무기력이다.

플로렌스 나이팅게일(Florence Nightingale)은 동료 간호사들에게 이런 말을 했다.

> "환자와 건강한 사람의 차이는 무엇일까요? 왜 환자는 누워 있고, 건강한 사람은 두 발로 걸어 다닐 수 있는 걸까요? 네, 그렇다면 환자와 건강한 사람의 차이는 '걷는다'일 것입니다. 환자는 걷지 못하고, 건강한 사람은 걷는다. 이 말은, 즉 계속 걸어가지 못하는 사람은 곧 환자라는 것입니다. 인생에서 자신의 길을 중단한 사람이 곧 환자라는 의미입니다. 시간이 없다거나 돈이 없다는 이유로 잠시라도 그 걸음을 멈추었다면, 그 사람의 인생이 지금 아파하고 있다는 뜻입니다."

만성적인 꾸물거림은 우울, 무기력과 관련이 깊다.[9] 일을 미루다가 마감 기한이 임박해서 허둥지둥 서두르며 후회한다. 그러다 완성도가 떨어진 결과물 때문에 주변 사람들에게 부정적인 피드백이라도 받은 날에는 후회를 넘어 자괴감을 느낀다. 실패 경험이 누적되면 일을 맡을 때마다 움츠러들고, 더 불안해지는 악순환에 빠지게 될 위험이 있다. 혹여 처음에 경험이 부족해서 서투르더라도, 하다 보면 성과가 생기고 노하우도 쌓이는 법인데, 꾸물거림의 비극적인 순환고리는 이러한 숙련 과정을 방해하기 때문에 자신감은 점점 떨어지고 무기력해진다.

미국의 전설적인 재즈 피아니스트 빌 에반스(Bill Evans)는 자신이 가장 많이 받는 질문 중 하나로 "제가 음악을 계속해도 될까요?"를 꼽았다. 그는 많은 음악가가 부분적인 문제를 현실적으로 해결하려고 노력하기보다, 모든 문제를 한꺼번에 다 가져와서 하나의 큰 문제로 만드는 것을 안타까워했다.

어차피 모든 것을 다 할 수는 없을뿐더러, 모든 문제를 다 모아서 전체로 만들면 뭔가 손에 잡히는 것 같지만, 사실은 더 혼란스러워지고 늪 같은 함정에 빠지게 될 뿐이라는 것이다. 현재의 수준, 단계마다 필수적인 것들이 있기 마련이다. 그 어떤 학습심리 이론에서도 한꺼번에 모든 걸 빨리 다 잘해야 한다고 말하지 않는다. 빌 에반스 역시 현재 단계에서 아주 현실적으로, 정확하게 그리고 정말 진실하게 수행하는 것이 정답이라고 말했다.

그러면 우리는 정확히 어떤 단계에서 꾸물거릴까? 어떤 부분적인 문제 때문에 정체되는지를 알면, 이를 해결할 현실적인 방안들을 떠올릴 수 있고, 추진력도 얻을 것이다. 나의 어떤 특성이 일을 하고자 하는 의도에 제동을 거는 것일까? 무엇이 꾸물거림을 촉발하는지 그 과정을 하나씩 살펴보자.

나는 왜 꾸물거릴까?

사람들은 '내가 지금 꾸물거리고 있다'는 것은 잘 알고 있지만, 꾸물거릴 때 내 마음속에 어떤 일이 벌어지고 있는지, 정작 이를 잘 모르는 경우가 많다. 단편적인 생각이나 감정이 스쳐 지나가긴 하지만, 정확하진 않고 어렴풋하게 짐작하곤 한다. '내 마음 나도 모르겠다' 상태에서 "왜 자꾸 꾸물거리지?"라는 질문을 하게 되는 것이다.

꾸물거릴 때 속으로는 내적 갈등이 있고, 겉으로는 멈춰 있다. 아마 해야 할 일이 생겼을 것이다. 고민이 없으면 망설임 없이 할 일을 하고, 안 해도 되면 안 한다. 하지만 뭔가 특수한 상황이 생겼거나, 사람마다 고유한 어떤 개인 특성이 작동하면 '해야 하는데 하기 싫은' 두 마음이 동시에 발생한다. 이내 마음속에서 팽팽한 줄다리기가 시작된다. 한 치의 양보도 없는 갈등 상태가 바로 '양가감정'이다. 그리고 이 마음속 내적 갈등이 꾸물거리는 행동으로 드러난다. 속만 시끄러운 것이다.

그러면 양가감정을 촉발하는 요인에는 어떤 것들이 있을까? 일단 환경이나 상황이 영향을 미칠 수 있다. 예를 들면, 일 자체의 특성이 이에 해당한다. 정말 중요하고, 반드시 잘 해내야 한다는 부담감을 느끼는 일일수록 미루게 된다. 또, 일을 맡게 된 상황적인 맥락도 큰 영향을 준다.[10] 같은 일이라도 누군가 고압적인 태도로 떠맡기면, 기분 좋게 시작하기 어렵다. 같이 일하는 사람은 더 중요하다. 비협조적인 팀원들과 진행해야 하는 일이라면, 시작하기도 전에 불편한 상황이 예상되니 일을 시작하기가 망설여진다.

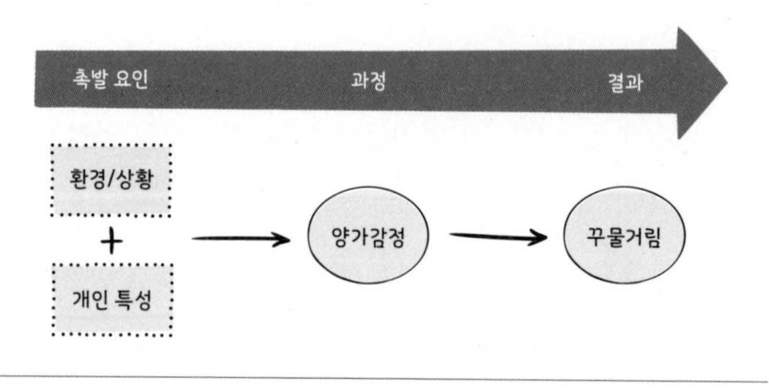

꾸물거림의 발생 과정

이와 같이 부정적인 상황이 양가감정을 촉발할 수 있다. 그러나 그렇다고 모든 사람이 양가감정의 교착 상태에 빠져서 꾸물거리는 것은 아니다. 환경적인 요인에 대한 개인의 반응은 그 사람이 보유하고 있는 개인 특성에 많은 영향을 받는다. 대표적으로, 일의 규모를 과소평가하는 비현실적인 낙관주의 성향, 자신은 언제나 모자란 사람이라는 평가절하와 자기 비난 경향성, 불공평하고 억울해서 일할 기분이 아니라는 저항감, 달성할 수 없는 높은 기준에 도달해야만 한다는 완벽주의 성향, 설레지도 않고 재미도 없으니 그만두고 싶다는 자극 추구 성향 등을 들 수 있다. 이 다섯 가지 개인의 특성은 영향력은 크지만, 주로 마음속에서 벌어지는 일들이라 주의를 기울이지 않으면 정확하게 포착하기가 어렵다.

예를 들어, 완벽주의 성향이 높은 사람이 국내 굴지의 기업에 취업하기 위해 자기소개서를 준비한다고 가정해보자. 어떤 과제를 수행해야 할 때, 사람들은 일반적으로 그 일에 접근하거나 또는 회피한다. 취업 지원 서류 준비 과제에 접근하면 자기소개서 작성 계획을 세우고, 계획에 따라 시작하고, 계속 수정하고, 마침내 완성한다. 반면에 회피하면, 그냥 지원하지 않기로 깔끔하게 결정한다.

하지만 꾸물거리는 행동이 나타나는 경우에는 접근과 회피 동기가 동시에 나타나는 것이 다반사다. 자기소개서를 쓰고 싶긴 하지만, 갖가지 이유로 작성하지 않고 피하는 것이다. 이처럼 '하고 싶다'라는 접근 동기(approach motivation)와 '하기 싫다'라는 회피 동기(avoidance motivation)가 동시에 작용하는 것을 양가적인 상태라고 하며, 이때 느끼는 갈등이 바로 양가감정이다.

양가감정이란 '어떤 것을 원하면서도 동시에 또 원하지 않는 감정 상태로 양립하기 어려운 양쪽 모두를 원하고 있는 상태'를 뜻한다.[11] 꾸물거리는 행동이 발생할 경우에는 해야 할 일이니 해야겠다는 마음과 팽개치고 싶은 마음이 똑같은 힘으로 맞선다. 보통 상황이라면 과제를 해결하고자 하는 마음이 접근 동기를 만들기 때문에 맡은 일을 탐구하고 계획을 세워 실현하려고 한다. 하지만 어떤 이유로든 하기 싫은 마음이 회피 동기를 만들면, 접근 동기는 무력화된다.[12] 절댓값이 같은 +와 -가 만나 0이 된 것처럼, 크기는 같은데 방향이 반대인 두 힘이 만나 어느 방향으로도 나아갈 수 없는 교착 상태에 빠지는 것이다.

마음속에 갈등이 있으면 당연히 불편하다. 양가감정을 느끼면 그 자체만으로도 괴롭기 때문에 흔히 내면의 모순을 해결하려고 변명거리를 찾기 시작한다. 변명거리라고 하는 까닭은 보통 '안 해도 되는' 이유를 찾는 경우가 많기 때문이다. 여우와 신포도 우화에서처럼 '그 일은 해봤자 어차피 별로'라든지, 또는 '업무 분장을 불공평하게 하다니 화가 나서 일할 기분이 아니다'라는 식의 아주 정당해 보이는 이유를 찾아낸다.

이처럼 실패를 예상하고 미리 변명거리를 만드는 행동을 심리학에서는 자기-손상화(self-handicapping)라고 한다. 학생이 시험

전날 갑자기 배가 아파서 공부를 못 했다고 말하는 경우를 생각해보자. 정말 아팠을 수도 있지만, 어쩌면 다른 사람이 '그럴 만했네'라고 고개를 끄덕일 만한 구실을 만들어서 시험 결과가 좋지 않았을 때, 자신이 느낄 불편감을 줄이고 자존감을 보호하려는 전략일 수 있다.

자기-손상화 전략이 효과적이지 않은 까닭은, 그 이유가 얼마나 그럴듯하든 간에 내적 갈등은 사라지지 않는다는 데 있다. 게다가 내면의 모순을 해소하려고 변명거리를 찾는 것은 일 처리를 유보함으로써 개인이 성장하고 잠재력을 펼칠 기회를 박탈한다는 점에서 부정적이다.

꾸물거림을 해결하려면 어떻게 해야 할까? "당장 일어나 책상 앞으로 가서, 의자에 엉덩이를 붙이고 앉아서, 컴퓨터를 켜고, 바로 파일을 열어서 뭐라도 작성하면 된다"고 대답하면 될까? 물론 안 된다. 그게 정답이라면 수많은 사람이 "머리론 알겠는데, 잘 안 돼요"라고 말할 리가 없다. 그보다는 꾸물거림 행동이 나에게 왜 생겨났는지 명확하게 알아야 한다. 이것을 모르고서는 꾸물거림의 기저에 있는 감정의 교착 상태를 해결할 방법이 없다. 당신의 꾸물거림은 어디에서 생겨났는가? 이것이 바로 이 책의 핵심 주제이다.

자기 이해로부터 출발하는 변화의 여정

사람은 누구나 변화를 두려워한다. 작심삼일(作心三日)이 되는 이유도 여기에 있다. 오래 사용한 물건을 새것으로 바꾸는 것만 해도 그렇다. 바꿀까 하는 마음에 이리저리 알아보지만, 한편으론 괜히 바꿨다가 불편해질까 봐 망설여진다. 새 물건을 들이는 것도 쉽지 않은데, 하물며 행동을 바꾸는 건 더욱 망설여질 수밖에 없다.

물론 변화의 필요성은 이미 느끼고 있을 것이다. 변화가 있어야 꾸물거림을 해결하고, 내가 생각한 대로 살 수 있다는 것은 알고 있다. 하지만 방법을 아는 것과 삶에 적용하는 것은 서로 다른 도전이다.

변화가 두려운 이유는 불확신 때문일 것이다. 변화를 시도하면 두려움과 의심이 연타를 날린다. '했는데 안 되면 어쩌지?'라는 두려움, '이렇게 하는 게 맞는 거야?', 더 나아가 '지금 이런 기분을 느끼는 게 정상이야?'라는 의심이 더해진다. 자신을 의심하면 기반이 송두리째 흔들리고, 주저하게 된다. 그래서 불확신을 해소해가야 변화할 수 있다. 꾸물거림에 대한 궁금증을 차근차근 풀어가고, 무슨 일이 벌어지고 있는지 차분히 분석해야, 무엇을 어떻게 해결해야 할지 알 수 있다.

이 책은 지금껏 막연히 추측했던 꾸물거림의 발생 원인을 이해하고, 자기 이해를 바탕으로 감정의 교착 상태를 벗어나 자신이 추구하는 가치와 목표에 부합하는 행동을 선택하도록 이끌 것이다. 즉, 자신이 꾸물거리는 이유를 속 시원히 알 수 있다. 꾸물거리는 사람은 "나도 내가 왜 이러는지 모르겠다"고 얼버무리곤 한다. 하지만 잘 보면 그 이면에 양가감정, 불안, 부정적인 생각이 존재한다.

보통 꾸물거림을 개선하고 싶은 사람들은 진단, 원인 찾기, 문제 명료화, 행동 교정에 초점을 맞춘다. 충분한 자기 이해 없이 문제에 초점을 맞추면 변화를 시작할 틈을 놓치기가 쉽다.

우리는 변화 과정에서 끝없이 흔들리고, 할까 말까 망설이고, 시행착오 속에서 허둥지둥한다. 이러면 마음이 급해지고, 빨리 다음 단계로 가고 싶은 유혹을 느낀다. 성급한 결론을 내리고 자신을 밀어붙이면, 지쳐 나가떨어지기 쉽다. 스스로 납득하지도 이해하지도 못했지만, '그래야 할 거 같은' 방식을 무턱대고 적용하면 역효과가 나기 때문이다.

변화 과정은 편하지가 않다. 불편하다. 그래서 빨리 끝내고 결과를 보고 싶다는 압박감을 느끼기 쉽다. 변화 과정에는 침착하고 지혜롭게 행동하지 못하게 방해하는 요소들이 참 많다. 시간 압박이 대표적이다. 빨리, 더 빨리 결판을 짓고 싶다. 이런 조급함에 압도되면, 무리하게 엉뚱한 길을 가다가 포기하고 크게 실망하는 함정에 빠지게 된다.

양가감정은 모순덩어리처럼 보인다. 양가감정 안에는 합리화와 정신 승리가 즐비하다. 내가 비합리적으로 생각했다든지, 건설적이지 않은 행동을 하고 있다는 것을 직면하고 인정하기란 쉽지 않다. 창피할 수도 있고, 위협적으로 느껴질 수도 있다. 양가감정이 답답하게 느껴지겠지만, 사실 양가감정에는 변화를 향한 소망이 담겨 있다. 현 상태에 불만이 없고 달라지고 싶은 마음이 없었으면, 애초에 갈등하지 않았을 것이다.

꾸물거림을 문제 행동으로 이름 붙이고, 문제의 심각성을 깨닫도록 정보를 제공하고, 행동 강령을 제시하면 될까? 이 방식은 흔히 저항감을 불러온다. 대신 우리는 꾸물거림을 몇 발자국 물러서서 함께 관찰할 것이다. 내가 생각하는 방식, 주로 느끼는 감정, 타고난 성향과 기질이 꾸물거림과 어떤 관계인지 살펴보고, 그다음 지도를 보듯 가고자 하는 곳을 살피는 것이다. 자신의 내면세계를 직면하면 할수록 변화를 방해하고 꾸물거림을 유지시키는 요인들이 명확해지고 변화를 향한 새로운 관점이 생겨난다.

양가감정 속에는 변화 의도가 담겨 있다. 이는 훌륭한 연료이다. 의도가 미미하더라도 산소를 조금만 주입하면 불이 옮겨붙어 활활 타오를 수 있다. 그러려면 꾸물거림을 문제로 진단하고 행동 교정에 초점을 맞추기에 앞서, 나라는 사람, 나의 가치관, 내가 가고자 하는 곳을 탐색해야 한다. 마음이 흔들릴수록 변화를 시작하고, 또 지속할 수 있도록 틈을 주어야 한다. 그 여유 공간에서 차분하게 방향을 잡고 장해물을 확인하고 전략을 다시 세우면, 생각한 대로 행동할 수 있다.

마음이 급하겠지만, 자신에게 호기심을 가지면 꾸물거림 변화 과정에서의 불필요한 혼란이 줄어든다. 내가 왜 꾸물거리는지 제대로 알면 '나는 골칫덩이라 다시 태어나는 것만이 살길'이라는 식으로 체념하지 않을 수 있다. 자기 이해를 통해 지금의 나를 있는 그대로 인정하고 나면, 비로소 내가 하고자 하는 것이 무엇인지 구조화가 된다. 즉 큰 지도가 보이고, 어디로 가고 싶은지 방향을 알게 된다.

가고자 하는 곳, 하고자 하는 것을 목표라고 한다면, 그다음으로는 영역을 확 좁혀서 구체적으로 어디서부터 변화 여행을 시작할지 정할 수 있다. 예를 들어, "나는 일 처리 단계 중 어느 단계에서 꾸물거리나?", "나의 어떤 개인 특성이 주로 영향을 주고 있나?" 같은 질문에 대한 답과도 연결된다.

'수용하고 행동한다'라는 방식은 상담심리 분야에서 가장 주목받는 증거 기반(evidence-supported) 심리치료 이론[수용 전념 치료(acceptance and commitment therapy),[13] 동기 강화 상담(motivational interviewing), 마음챙김 기반 인지치료(mindfulness-based cognitive therapy)[14]]에서 공통으로 제안하는 핵심 접근 방식이다. 인정하기, 즉 나를 수용한다는 것은 꾸물거림에 면죄부를 주는 것이 아니다. 또는 어린 시절에 무슨 일이 있었는지 개인의 역사를 헤집어 관습적인 통찰을 추구하거나, 바꿀 수 없는 과거를 붙잡으려는 것도 아니다.

가장 먼저 지금의 나를 알아차려야 한다. 과거에 내가 무슨 짓을 했는지, 다른 사람들이 나에게 무슨 짓을 했는지는 크게 중요하지 않다. 어떤 경우에는 단순히 하기 싫은 게 아니라, 중요한 과제를 앞두고 불안한 마음에 도망치고 싶어서 미룬다. 미루면 일시적으로 불안감이 줄어든다. 하지만 이는 감정적인 선택

일 수 있다. 꾸물거리면서 시간을 허비하는 것은 결국 마감 기한에 임박해서 더 불안해지기 때문에 고통을 적립하는 것에 불과하다.

반면에 잠깐만 심호흡하면서 내면의 불안을 바라보면, 침착하게 대응할 시간을 벌 수 있다. 강한 불쾌감, 심하면 심장이 뛰거나 손에 땀이 나고 식은땀이 흐르는 신체 증상을 동반하는 불안감이 몰려오더라도, 그 느낌 그대로 잠시 견디는 것이다. 그다음, 내 마음 상태를 파악한다. 불안에 휩쓸려버리면 불쾌감만 가득하지만, 자신의 불안한 상태를 알아차리고 잠시 머물면 주도권이 생긴다. '지금' 어떻게 할 것인지에 집중할 수 있게 된다.

이 책에서는 '이렇게 하세요'식 행동 지침을 추천하지 않는다. 대신, 꾸물거림의 기원이 되는 개인 특성을 살펴볼 것이다. 대부분의 사람이 '방법'은 많이 알고 있다. 좋은 습관을 만드는 방법, 자기계발 방법, 새벽 시간의 기적…. 방법을 몰라서가 아니다. 시간 관리나 일정 계획 방법에 대한 정보는 넘쳐난다. 그 수많은 방법을 솎아내 나의 것을 선별하려면, 먼저 내가 꾸물거리는 이유를 알 필요가 있다. 그래야 나에게 잘 맞고 효과적이며 내가 하고 싶고, 다른 사람은 몰라도 나한테는 작동하는 그 방법이 나온다. 내가 왜 꾸물거리는지, 원하는 게 무엇인지 관점을 명확히 하면, 취사선택이 가능해진다.

이 책에서는 꾸물거림의 발단이 되는 다섯 가지 개인 특성(비현실적 낙관주의, 자기 비난, 현실 저항, 완벽주의, 자극 추구)에 대해 깊이 있게 살펴볼 것이다. 분명히 하고 싶은 점은, 이 다섯 가지 개인 특성은 상호 배타적인 관계에 있지 않다는 것이다. 한 사람이 동시에 여러 특성을 가질 수 있고, 또 동일한 특성이라도 개인마다 그 정도가 다를 수 있다. 중간 회색지대가 있을 수도 있다.

나의 꾸물거림의 발단이 되는 특성(들)을 명료하게 이해함으로써 변화 과정에서 방향감각을 개발할 수 있을 것이다. 꾸물거림의 정체 상태를 빠져나올 때, 마음이 조급할 때, 여러 갈래길 앞에서 산만해질 때 변화의 방향타를 잡기 위해 나라는 사람의 퍼즐 조각을 하나씩 맞춰가는 것이다.

앞으로 나올 다섯 개의 장에서, 우리는 다음 세 가지 질문에 대한 답을 찾는 여정을 함께할 것이다.

- ✔ 나는 왜 꾸물거릴까?
- ✔ 그럼 어떻게 되면 좋을까?
- ✔ 그래서 지금 나는 어떤 선택을 할 수 있을까?

꾸물거림의 발단이 되는 다섯 가지 개인 특성

비현실적 낙관주의	✔ 때가 되면 어떻게든 서둘러 일을 마칠 수 있을 것 같은 묘한 자신감이 있다. ✔ 할 일에 대해 말할 때, '아마도'와 '어쩌면'을 자주 사용한다. ✔ 일에 대한 첫인상으로 예상했던 소요 시간과 실제 소요 시간 사이에 차이가 크다(주로 실제 일 처리에 더 긴 시간이 걸린다).
자기 비난	✔ 꾸물거리는 자신의 모습이 실망스러워 스스로를 심하게 책망하곤 한다. ✔ '나는 잘 해내지 못하는 사람이야. 난 쓸모가 없어' 같은 생각을 자주 한다. ✔ 우울해져서 또 일을 미루게 된다.
현실 저항	✔ 내 스타일과 맞지 않는 일은 아예 안 해버리고 싶은 반항심이 든다. ✔ 일단 미루기로 결정하면 잠시나마 나에게 주도권이 생긴 듯한 느낌이 든다. ✔ 자꾸 꾸물거릴 이유를 찾고 변명하곤 한다.
완벽주의	✔ '뛰어나게 잘하고 싶다'와 '실패하면 어떡하지?'라는 생각이 늘 공존한다. ✔ 직접 통제할 수 없는 부분(예: 동료의 행동, 상황적인 우연)까지 통제하려다가 스트레스를 받는다. ✔ 타인의 부정적인 평가에 대한 걱정 때문에 일의 진행이 느려진다.
자극 추구	✔ 희망차게 일을 시작하지만, 흥미를 잃으면 금방 포기해버린다. ✔ 빠른 성과가 없으면 쉽게 지치고, 호기심이 생기는 새로운 일을 찾아 나선다. ✔ 시도와 포기 사이에서 마음이 오르락내리락한다.

2장

"내일부터 시작해도 될 것 같은데?"

비현실적 낙관주의

❋ ❋ ❋

능력이 없는 사람의 착오는 자신에 대한 오해에 기인하고,
능력이 있는 사람의 착오는 다른 사람이
더 잘할 것이라는 오해에 기인한다.

– 심리학자 데이비드 더닝(David Dunning) · 저스틴 크루거(Justin Kruger)

• • •

낙관성 때문이다

"주말 포함하면 3일은 남았군. 몰아서 하면 금방 끝마칠 수 있지 뭐!"

"이 정도 양이면 집중해서 금방 해치울 수 있을 것 같은데?"

"잠깐 자고 나서 할까? 아직 여유 있는 것 같은데 오늘까지만 쉬자."

우리는 보통 '또 미루면 안 되는데' 하면서 부담감을 느낀다. 그러면서도 가능하면 희망적으로 생각하고 싶어 한다. 일을 미루면 마음이 불편하지만, 가능한 한 긍정적인 태도를 취하면서 불편함을 잊고 싶어 한다. 그래서 '10시간이면 충분하지. 그러니까 내일부터는 진짜 시작해야지'라고 다짐한다. 그러나 막상 다음 날이 되면, '하긴 해야 하는데…, 그래도 5시간이면 가능하지 않을까? 이것만 치우고 해야지. 그래야 집중이 잘될 것 같아. 12시가 되면 시작해야지'라고 바꾼다. 그런데 12시가 되면, '이왕 늦은 거, 저녁 먹고, 밤부터 작업하면 새벽 2~3시면 마무리할 수 있을 거야'라고 생각한다.

'할까 말까' 망설이면, 머릿속이 복잡하다. 하지만 일단 하지 않기로 결정을 내리면, 그 나름대로 정리가 된다. 결국 더 이상 미룰 수 없을 때까지 미뤘다가 밤을 새우게 된다. 그렇게 아슬아슬하게 일을 마무리하고 나면, '다음번에는 좀 일찍 시작해야지.' 그리고 한두 번 실천하다 보면, 이런 생각이 따라온다. '되긴 되네?'

'이 정도는 금방 할 수 있을 거야.' 이러한 생각은 사실 마음이 건강하다는 증표이다. 심리적으로 건강한 사람들은 자신을 가능하면 더 긍정적으로 평가하기 때문이다.[1] 많은 사람이 자기 자신, 자신의 능력, 자신의 미래를 평균적인 다른 사람들에 비해 더 긍정적이라고 믿는데, 이를 '긍정적 착각(positive illusion)'이라고 한다. 이런 약간의 착각은 마음 건강에 도움이 된다.

자신을 실제보다 긍정적으로 평가하는 낙관적인 사람들은 사회적 책임감이 커서, 다른 사람을 돌보려는 의지가 강하다.[2] 또한, 자신이 통제할 수 있는 범위 이상으로 자신의 영향력을 펼칠 수 있다고 믿는 경향이 있다.[3] 그래서 새로운 일에 용기 있게 도전한다. 우울한 사람들이 현상을 아주 냉정하게 평가하는 것과는 대조적이다.[4]

낙관적인 사람들은 이와 더불어 상대방의 좋은 점에 주목하기 때문에 인간관계가 원만하고, 좋은 관계 속에서 정서적 안정감을 느낀다.[5] 이러한 낙관성은 적응과 성장에 도움이 된다. 그래서 심리학자 탈리 샤롯(Tali Sharot)은 "낙관주의는 진화의 산물"이라고 했다. 자연재해, 전염병, 전쟁과 같은 언제 벌어질지 모르는 인간사를 견디기 위해 필요하다는 것이다.

하지만 긍정적 착각 중에서도 '비현실적인 낙관주의(unrealistic optimism)'는 주의할 필요가 있다. 세상을 살아가는 데 도움이 되는 약간의 착각보다 정도가 지나쳐서, 자신이 부정적인 사건을 경험할 확률이 다른 사람보다 낮다고 믿는다. 근거 없는 믿음이 지나치기 때문에 이때는 도움이 되지 않는다.

적당히 낙관적인 사람은 '처음 해보는 일이지만, 잘할 수 있을 거야'라고 자신을 믿고 도전한다. 여기서 정도가 지나치면, 남들과는 다르게 자신은 응당한 노력 없이도 '어떻게든' 해낼 수 있을 거라는 비현실적인 생각에 빠지는 착오를 범할 수 있다.

한국의 직장인 2명 중 1명 이상이 자신이 일을 능숙하게 잘한다고 생각한다.[6] 그 이유로 전체 중 66.3%가 "업무 처리 능력이 뛰어나기 때문"이라고 응답했다. 기업에서 우수 사원을 약 20% 남짓으로 추산하는 것과는 대조적이다. 기업 임원의 90%는 자신의 성과를 평균 이상이라고 자평했다. 직원들의 90% 이상도 '나는 다른 사람보다 생산적'이라고 생각한다. 하나같이 나는 능력 있고, 열심히 일한다고 믿는다.[7]

나의 운전 실력은 어떠한가? 이 질문에 90% 이상은 "나는 평균 이상으로 운전을 잘한다"고 응답한다.[8] 그러면서 내가 10년 이상 무사고라는 것을 강조한다. 그러나 경찰청 교통사고 현황에 의하면 국내 교통사고 발생 건수는 매년 20만 건 이상이다. 객관적인 통계자료는 무시하고 나에게만은 나쁜 일이 일어나지 않을 것이라는 생각이 강하다. 자기중심적으로 지나친 '착각'을 하는 것이다.

남 일은 객관적으로, 내 일은 주관적으로

착각이 꾸물거림을 지속시킨다. 착각이라고 말하는 데는 이유가 있다. 첫째, 주관적인 평가와 객관적인 평가가 일치하지 않기 때문이다. 건강검진을 미루더라도 심각한 질병에는 걸리지 않을 거라고 생각한다. 건강한 체질을 타고난 편이기 때문이다. 하지만 불행한 일에는 예외가 없다.

둘째, 모두가 평균 이상이라는 것은 가능하지 않다. 대부분 긍정적인 착각 속에서 일을 미룬다. 정말로 큰일이 나진 않을 것이라고 믿기 때문이다. 사실 여태까지 꾸물거림 때문에 큰 사고가 난 적은 없다. 이뿐만 아니라, 나는 운이 좋은 편이라고 생각한다. 일반적으로 낙관성은 마음 건강의 지표이기도 하다. 다만, 공부를 미루는 일이 반복되면 좋은 성적을 받을 확률은 낮아진다.

원래 사람이란 다른 사람의 일에는 객관적이기 쉽다. 그래서 아침에 꾸물거리는 자녀를 보면 부모는 마음이 급해진다. '저러다 늦을 텐데. 오늘은 비가 오니까 평소보다 등교 시간이 더 걸릴 텐데. 아침밥을 먹어야 머리가 잘 돌아갈 텐데. 오늘은 준비 시간이 더 필요한데.' 그 와중에 자녀는 등교 전에 준비물을 사야 한다고 말한다. '아침이라 더 붐빌 텐데. 시간이 없는데.' 마음이 급하다. "빨리 밥 먹어! 빨리 옷 입어! 가방은 챙겼어? 그러게~, 준비물은 미리미리 챙겼어야지…. 진짜 5분 뒤에는 출발할 거야. 얼른 와~!" 다른 사람 일에는 철저히 객관적이다. 비 오는 날에는 차가 밀리기 마련이다. 등교 전 문구점은 늘 붐빈다.

반면에 자녀는 천하태평이다. 긍정으로 무장했다. 자녀는 이렇게 생각한다. '비가 오긴 하지만, 딱히 차가 밀리지 않을 것 같아. 문구점에 사람이 많긴 하겠지만, 내 차례는 금방 올 거야. 나한테는 별일 없을 거야.' 자녀는 오늘도 긍정성의 착각 속에 느긋하다. 그리고 자녀는 부모님의 잔소리를 이해할 수 없다. '왜 항상 최악의 상황만을 생각하시는 거지?'

긍정 회로는 중요하다. 낙관성이 동기를 부여하기 때문이다. 잘될 것 같아야 도전 의식이 생긴다. 그리고 도전을 반복해야 성공할 수 있다. 이처럼 긍정성의 착각은 인간의 성장에 도움이 된다. 하지만 부작용도 있다. 긍정적인 왜곡은 '나만은 괜찮을 것'이라는 과도한 기대로 이어져 때론 성장에 걸림돌이 된다.

왠지 모르게 괜찮을 것 같을 때

꾸물거릴 때 어떤 생각을 할까? 약간 불안하긴 하지만 괜찮을 것 같다. 그리고 내심 믿는 구석도 있다. 기한 내에는 어찌어찌 끝마칠 수 있을 것이다. 이렇게 자신과 관련된 일에 근거 없이 낙관적인 결과를 예상하는 것을 '소망사고(wishful thinking)'라고 한다. 소망사고는 철이 없거나 논리력이 부족해서 나타나는 것이 아니다. 그저 짧은 시간 안에 모든 것을 해내는 행운의 주인공이 나라는 생각을 남보다 조금 더 많이 하는 것이다. 과연 이 소망사고는 꾸물거림에 어떤 영향을 줄까?

미국 메릴랜드대학교의 심리학 연구진은 꾸물거림의 원인으로 소망사고를 꼽는다.[9] 이 연구진은 소망사고의 영향력을 보여주는 재치 있는 실험을 수행하였다.

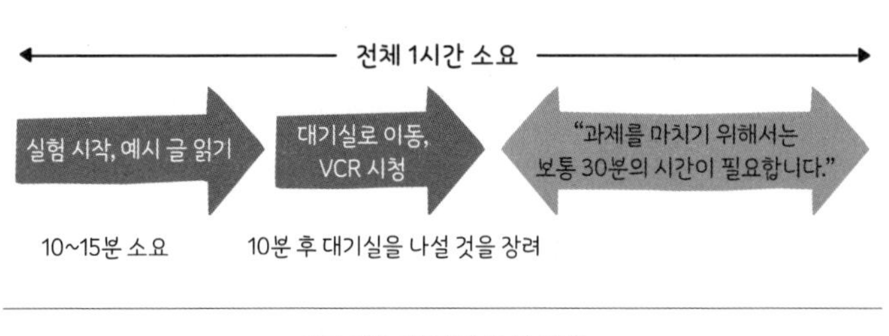

소망사고의 영향 실험 절차

실험에서는 참여자들을 두 집단으로 나눈다. 첫 번째 집단은 통계와 이론으로 가득한 지루한 보고서를 읽는다. 두 번째 집단은 흥미롭고 재밌는 내용의 보고서를 읽는다. 보고서를 다 읽고 나면, 약 10분 정도 쉬는 시간이 있다. 그리고 과제는 약 30분 정도 소요된다고 미리 안내했다.

과제를 하기 전에 참여자들은 대기실에서 재밌는 시트콤을 보며 쉴 수 있다. 각자가 쉬는 시간을 자율적으로 사용한다. 그리고 휴식을 마치면 과제를 하러 실험실로 가면 된다. 즉, 과제를 시작하는 시간은 참여자 스스로 결정한다. 다만, 읽고 쉬고 과제를 하는 것은 모두 1시간 이내로 마무리해야 한다.

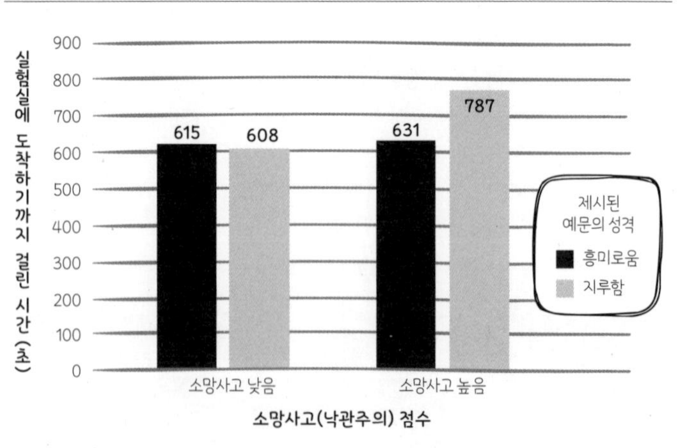

제시된 예문의 성격과 소망사고에 따라 실험실 도착까지 걸린 시간

참여자들은 얼마나 쉬었을까? 일단 전체적으로 보면 평균 10분 정도를 쉬었다. 그렇다면, 소망사고가 높은 사람들은 어땠을까? 자료를 분석한 결과, 소망사고를 많이 하는 사람들은 약 13분 정도를 쉬었다. 그리고 과제를 더 늦게 시작했다. 즉, 자신은 과제를 끝내기까지 30분이 채 걸리지 않을 거라 생각한 것이다.

특히 지루한 보고서를 읽은 집단은 더 꾸물거렸다. 흥미로운 보고서를 읽은 집단은 소망사고를 많이 하더라도 10분 정도만 쉬었다. 지루한 보고서를 읽었지만 소망사고를 적게 하는 사람들 역시 10분 정도 쉬었다. 하지만 지루한 보고서를 읽은 사람 중 소망사고를 많이 하는 사람들은 다른 사람보다 3분이나 더 쉬었다. '과제하는 데 30분까지 걸리지는 않을 것이다'라는 소망사고를 하면서 남들보다 3분을 꾸물거린 것이다. 이 연구는 소망사고가 꾸물거리는 이유가 될 수 있음을 보여준다.

이제 이 실험을 자신에게 대입해보자. 재미없는 자료를 읽었다. 통계 수치도 많고 이해하기 어렵다. 그 자료를 바탕으로 그럴듯한 과제를 창조해서 제출해야 한다. 자료를 읽느라 지쳤다. '10분만 쉬어야지'라며 휴대폰으로 손을 뻗는다. 보다 보니 약간 피곤한 듯해서 침대에 누웠다. 이 순간 익숙한 '긍정 회로'가 작동한다. 지난번에 비슷한 종류의 과제를 5시간 안에 끝냈던 기억을 떠올린다. 그러니까 이번에는 5시간보다는 더 빨리 끝낼 수 있을 것이다. 시간은 충분해 보인다. 오늘 이미 자료를 읽었으니 좀 쉬다가 내일부터 해야겠다.

사람들은 성공했던 예전 기억을 떠올리며 계획을 세우고 최대한 일을 미루려고 한다. 그래서 부담스럽고 어려운 일을 미루면서 "보니까 한 이틀만 바짝 하면 충분히 끝내겠던데?"라고 말한다. 낙관성 자체는 건강하다. 다만, 부담스러운 일 앞에서 현실적인 근거가 없는 소망사고가 꾸물거리도록 유도하는 것이다.

특히 성과를 내고 싶다면 소망사고를 조절해야 한다. 성취에 이르기까지는 어려움과 부담감이 동반되기 때문이다. 사람은 현재 상태와 바라는 상태 사이에 간극이 있을 때, 동기가 생긴다. 잘하고 싶다. 그런데 부족한 상태이다. 이러한 차이를 '불일치(discrepancy)'라고 한다. 사람은 불일치를 느낄 때 변화의 필요성을 느낀다.

불일치감은 성장과 성취의 기회이기도 하지만, 현재 상태에 대한 불만족의 형태로 나타나기 때문에 편하지만은 않다. 이럴 때 자기방어 차원에서 불편한 진실을 외면하고 밝은 면에만 의도적으로 집착하면 무기력에 대한 내성을 키우게 된다.[10] 지금 시작하지 않아도 괜찮을 것 같다. 이렇게 비현실적인 낙관주의는 계속 미루도록 부추긴다. 게다가 비현실적인 태도가 계속되면 혹시 닥칠지도 모르는 위험을 과소평가해서 적절한 대비를 못하기도 한다.[11]

가벼운 선택을 할 때는 긍정적인 착각이 도움이 될 때가 있다. 하지만 맹수에게 쫓길 때는 자신의 달리기 능력을 정확하게 알아야 한다. 최고의 성취를 이룰 결정적 진로 선택을 앞두었다면, 자신의 능력을 객관적으로 파악해야 한다. 성공하고 싶다면, 때로는 인간 진화의 산물인 소망사고를 단호히 거절해야 한다.

실천이 어려운 이유, '아마도'와 '어쩌면'

사람들은 각자 '이 정도는 미뤄도 괜찮아'라는 기준을 가지고 있다. 이를 '꾸물거림의 허용범위'라 한다. 소망사고는 이러한 꾸물거림의 허용범위를 넓힌다. 대부분 자신의 꾸물거림을 알고는 있다. 하지만 정말 안 하면 큰일 나겠다는 위기감이 들어야만 일을 시작한다.

운전에 비유해보자. 직선도로를 운전할 때 운전자는 자율주행

차량처럼 운전한다. 운전은 하지만, 그다지 주의를 기울이진 않는다. 그러다가 앞차와 충돌할 것 같으면, 갑자기 주의를 집중하게 된다. 순간적으로 몸 전체가 긴장하고 브레이크를 밟는다. 운전자의 감각기관이 뭔가 기준에서 벗어나는 것, 주의 집중해야 하는 것, 변화가 필요한 것을 감지하고 움직인 것이다.

사람들은 스스로의 꾸물거리는 모습을 알고 있다. 그리고 그 모습을 내적인 기준과 계속 비교하고 있다. 일을 바로바로 시작해야 하는데, 지금 미루고 있는 상태이다. 하지만 이 간극이 심각하게 느껴지진 않는다. 소망사고 덕분이다. 초치기하면 충분히 할 수 있을 거라는 소망사고가 지금 당장 시작해야 한다는 목소리를 완화해준다. 그러다가 어느 순간 꾸물거림의 허용범위보다 빠른 속도로 마감이 다가왔다는 것을 깨닫는다. 주로 시간이 아주 촉박해졌을 때이다. 그제야 시작하게 된다.

그러니까 꾸물거림을 멈추려면 소망사고를 뒤로하고 지금 시작하면 된다. 하지만 이제 이런 생각이 든다. '저도 알아요. 실천이 어렵죠.' 비현실적인 낙관주의를 보이는 사람들은 보통 의지는 있으나 실천을 어려워한다. 해야겠다는 의지는 훌륭하다. 좋은 출발점이다. 다만, 이들이 결심하는 계획에는 독특한 특징이 있다.

바로 '내일부터'라는 계획에 '아마도' 또는 '어쩌면'이라는 가정이 숨어 있다는 점이다. "(어쩌면) 나는 내일 오전 일을 시작할 수 있을 것이다. 그러면 (아마도) 두세 시간 동안 방해 없이 집중해서 일할 수 있을 것이다. 그 결과 데드라인 전에는 (아마도) 완수할 것이다"라는 식이다. '시간을 낭비하고 싶지 않다, 행동하고 싶다'는 의도가 보인다. 하지만 이 의도는 '나는 (확실하게) ~ 할 것이다' 정도의 확언은 아니다. 망설임이 느껴진다. 계획에 '아마도'나 '어쩌면' 같은 가정이 포함되면 실행력은 약해진다. 아래 대화를 보자.

> 고객: KTX가 몇 시에 출발하나요?
>
> 직원: '어쩌면' 오전 10시 15분에 출발을 할 수도 있고요.
>
> 고객: (갸우뚱) KTX는 도착지에 몇 시에 도착할까요?
>
> 직원: '아마도' 2시 30분쯤 도착할 수도 있겠지요.

고객은 당연히 더 확실한 대답을 요청하게 될 것이다. 오전 10시 15분에 출발한다는 것인지, 못 한다는 것인지 모호하다. 2시 30분에 도착한다는 것인지, 지연된다는 것인지 불확실하다. 또, '(아마도/어쩌면) ~ 할 수 있겠다'는 식의 말에는 변명의 여지도 담겨 있다. 다시 다음 대화를 보자.

친구 1: 우리 몇 시에 만날까?

친구 2: '아마' 12시쯤 만날 수도 있겠지.

친구 1: (갸우뚱)

친구 1은 의아하다. 12시에 만난다는 것인지, 만나지 않겠다는 것인지 헷갈린다. 생각이 많은 사람은 '혹시 나를 만나고 싶지 않은 건가?'라는 생각이 들기도 한다. 12시에 친구가 약속 장소에 나오지 않더라도 약속을 어겼다고 말하기도 애매하다. 애매한 계획과 애매한 대답은 답답하다.

비현실적인 낙관주의로 꾸물거리는 사람도 변화에 대한 의도는 있다. 시작하고 싶다. 그러나 동시에 마음 한편에 어쩌면 안(못) 할 수도 있다는 탈출구가 열려 있는 애매한 상태인 경우가 많다. '아마도'와 '어쩌면'만 지워도 훨씬 개운하고 경쾌하다. 그러면 꾸물거림의 허용범위를 좁힐 수 있고 행동이 쉬워진다. '나는 내일 오전 일을 시작한다. 그리고 두세 시간 동안 방해 없이 집중해서 일한다. 그 결과, 마감 기한 전에 완수한다.'

꾸물거림의 대차대조표: 얻는 것과 잃는 것

> "거울을 보며 우리가 기대하는 것은 설교가 아니다. 거울에 비친 우리의 모습이다."
>
> **– 하임 기너트(Haim Ginott)**

거울의 기능은 있는 그대로의 모습을 비춰주는 것이다. 거울은 우리를 특별히 돋보이게 하거나 단점을 드러내기 위해 있는 것이 아니다. 꾸물거리는 모습이 마음에 들진 않는다. 그래도 이를 관리하기 위해 필요한 행동을 할 수 있다. 내 마음의 거울에 비친 선명한 내 모습이 나를 관리하고 변화할 기회를 준다.

지금 행동이 내가 원하는 것을 이루게 하는지 현실적으로 평가하면, 꾸물거림을 해결해서 원하는 결과를 얻을 수 있다. 오늘의 나는 과제를 1시간만 해도 집중력을 잃는다. 이와는 달리 환상 속의 나는 7시간을 몰아서 과제를 해낸다. 이런 환상 속의 나를 믿고 필요한 시간을 놓치고 있지는 않은지 살펴보는 것이다.

비현실적인 낙관주의로 인한 꾸물거림의 행동에는 얻는 것과 잃는 것이 있다. 얻는 것부터 살펴보자. 미루고 다른 일을 하거나 쉬면 기분이 좋다. SNS를 보면서 도파민의 쾌락을 느낄 수도 있다. 최소한 언제는 시작해야 하는지 계산하면서 희망을 느낄 수 있다.

이제 잃는 것도 살펴보자. 일을 미룬 것을 자책하고 후회할 수도 있다. 대책 없고 모자란 인간이 된 것 같아 한심하게 느껴지기도 한다. 생각보다 별거 아니라고 스트레스 받을 것 없다며 힘을 내보지만, 머릿속에 '해야 한다'는 생각이 박혀 있어서 신경이 계속 쓰인다. 무엇보다 죄책감을 느낀다. 왜 일찍 시작하지 않았는지 자신이 미워진다. 정서적 에너지를 잃어버리고, 자신을 깎아내리게 된다. 이를 이익-비용 대조표로 정리하면 아래와 같다.

이익	✔ 충분히 해낼 수 있을 것 같아 마음이 일단 편하다. ✔ 당장 원하는 것을 할 수 있어 즐겁다. ✔ 머리 아픈 과제를 지금 보지 않아도 된다.

↓

비용	✔ 과제를 할 수 있는 시간이 줄어든다. ✔ 과제 해결을 위해 고민할 수 있는 시간이 줄어든다. ✔ 하루에 너무 많은 양을 하게 되어 스트레스를 받는다. ✔ 왜 미리 하지 않았을까 자책하게 된다. ✔ 결국 시간 내에 하지 못해 도움을 청하게 된다. ✔ 나쁜 평가를 받을 것에 대해 걱정하게 된다.

꾸물거림의 이익과 비용을 비교해보면 압도적으로 비용이 크다. 시간이 별로 걸리지 않을 줄 알았는데, 뚜껑을 열어보고 깜짝 놀라기도 한다. 혹시 불성실하거나 무책임한 사람으로 보이진 않을까 걱정도 된다. 급하게 낸 보고서 때문에 저평가를 받고, 승진이 어려울까 봐 불안해지기도 한다. 겉으로는 '에이~ 한 세 시간이면 후딱 하지!'라고 허세도 부려본다. 그렇지만 노는 시간을 완전히 즐길 수가 없다. 게다가 기한 내에 꼭 해야만 하는 일을 몰아쳐서 하면 버겁고 괴롭다.

같은 행동이라도 환경과 상황에 따라서 의미가 달라진다. 할 일을 마치고 유튜브 탐험을 시작한다면 여가 활동이다. 하지만 하기 싫은 일을 미루고 유튜브를 본다면 꾸물거림이다. 제때 일을 할 때는 소망사고가 자신감을 붙게 한다. 희망적인 미래를 생각하기 때문이다. 하지만 미룰 때의 소망사고는 정신 승리가 된다. 머리로는 괜찮을 거라고 위안하지만, 내심 부담을 느끼기 때문이다.

죄책감은 꾸물거림 행동과 내 가치관이 충돌할 때 생기는 감정이다. 죄책감에 무뎌지려고 노력하면 할수록 역설적으로 죄책감은 더 강해진다. 그래서 '괜찮을 거야'라는 자기 위로의 말은 죄책감을 줄여주지 못한다. 내가 바라는 것은 무엇인가? 이 중요한 목표와 꾸물거림은 어디서 어떻게 충돌하고 있을까? 꾸물거림으로 내가 얻은 것과 잃은 것은 무엇일까?

'나'를 통제할 수 있는 사람은 '나' 자신뿐이다

'어쩌면' 할 수도 있고, '아마도' 할 것 같다는 말에는 확신이 없다. 하지 않을 수도 있다는 은근히 꾸물거리는 마음이 내포되어 있다. 반면에 "나는 할 것이다"라는 말에서는 확신이 느껴진다. 비현실적 낙관주의를 가진 사람은 이처럼 확신이 담긴 표현을 잘 하지 않는 경향이 짙다.

모레 점심시간까지 마쳐야 할 보고서가 있다고 가정해보자. '아마도 내일 시작하면 되겠지'라고 생각하고 있다면, 행동으로 옮기지 못할 가능성이 크다. 그 대신 "내일 오전에 시작할 거야"라고 자기 선언하듯이 말한다면 훨씬 단호해진다. 단순히 속으로 생각하는 것만으로는 충분하지 않다. 비현실적 낙관주의자의 생각은 주로 막연하다. 확신을 더한 생각을 입 밖의 말로 옮길 때 비로소 더 강한 통제감을 느낄 수 있다.

확신을 담아 자신에게 말하는 것을 심리학에서 '혼잣말 혹은 자기 대화(self-talk)'라고 부른다. 긍정적인 자기 대화의 효과는 스포츠 심리학과 같이 감정 조절이 핵심인 분야에서 활발하게 연구되었다. 중요한 경기를 앞두고 긴장감에 압도될 때나 징크스에 빠져 성적이 부진할 때, 확신을 담아 긍정적인 자기 대화를 하는 것이 무작정 연습량을 늘리는 것보다 더 효과적이라는 것이다.

심리학자들은 이것이 일반 사람들이 생각하는 '정신 승리'와는 다르다고 강조한다. 많은 연구 결과를 종합해보니, 자신이 마음먹은 일을 해낼 것이라고 믿으며, 확신을 굳히는 자기 대화는 자기 자신에게 지시적이고, 동기를 강화하는 효과가 있었다.

긍정적인 혼잣말을 입 밖으로 선언하는 것은 비현실적 낙관주의자에게 특히 이롭다. 스포츠 심리학 연구팀이 혼잣말의 효과를 구체적으로 파악하기 위해 지시적 혼잣말과 동기부여 목적의 혼잣말이 축구, 배드민턴 등 다양한 운동 성적에 미친 영향을 비교 평가했다.[12]

동기부여적 혼잣말은 "나는 할 수 있다!"라고 스스로 북돋는 말이다. 지시적 혼잣말에는 "라켓을 휘두를 때 오른 다리에 힘을 더 꽉 줘보자! 그럼 더 잘할 수 있어!"와 같이 구체적인 방식이 포함된다.

연구 결과, 운동하기 전 긍정적 혼잣말을 하는 것 자체로도 도움이 되었지만, 섬세한 요령이 필요한 운동일수록 지시적 혼잣말을 많이 할 때, 성적 향상 효과가 뛰어났다. 자신을 북돋는 동기부여 혼잣말과 비교해, 지시적인 정보를 담은 혼잣말이 구체적인 행동 방향을 제시하기 때문에 입 밖으로 표현할 때 더 효과적이다.

이것은 말에 확신의 무게를 싣고, 자기 자신에게 권한을 부여하는 방법이다. 나의 행동을 통제할 수 있는 사람은 오직 나뿐이라는 사실을 되새기게 해준다. 꾸물거리면서 보고서의 시작을 미룰 것인가, 마음먹었을 때 바로 시작할 것인가의 권한은 오직 자신에게 있다.

내가 행동하지 않은 이유를 남이나 상황 탓으로 돌리는 것은 쉬운 일이다. 그 사람이 나를 화나게 했기 때문에 기분이 상해서 일에 집중할 수 없었다고 탓하는 것이다. 이때 할 일을 못 하게 만든 방해의 주체는 내가 아니라 '그 사람'이 된다. 일을 미룬 선택에 대한 권한을 남에게 넘김으로써 나는 면죄부를 얻는다. 하지만 이런 생각과 표현이 반복되면 자신은 일상의 여러 상황 속에서 권한을 잃고, 결과적으로 기분파이며 매사 추진력이 부족한 사람이 되고 만다.

내 생각, 행동, 나아가 습관을 관장하는 권한자는 오직 '나'다. 일이 잘 풀릴 때나 고난 길일 때나, 자신의 삶에 대한 통제감을 느껴야 문제 해결을 할 심리적인 힘을 가질 수 있다. 이는 자기를 채찍질하는 자책과는 다르다. 오히려 일을 미루기로 선택한 사람이 바로 나 자신이라는 것을 대범하게 인정할 필요가 있다.

일주일이 걸리는 과제를 해야 하는 첫날 꾸물거렸다면 비현실적 낙관주의를 가동하지 말고, 내가 오늘 할 일을 하지 않았다는 것을 인정하고, 내일 몇 시에 일을 시작하겠다고 선언함으로써 통제감의 일부분을 회복할 수 있다. 꾸물거린 나의 모습에 대한 판단이나 부정적인 평가는 불필요하다.

우리는 생각이나 말에 평가를 붙이는 데 익숙하다. 좋고 나쁨, 이로움과 해로움을 평가하고 구분선을 긋는 것이 생존에 도움이 되기 때문이다. 수풀을 걷다가 뱀을 발견하면, 독사의 특징이 있는지 관찰하는 것보다는 얼른 도망치는 것이 훨씬 안전하다. 국가와 문화를 막론하고 만 2세 이전부터 경험한 것들에 평가를 붙여서 분류하는 능력이 발달하게 된다. 대인관계 소통의 기술을 익히기 전인 어린아이들도 '좋은 친구'와 '나쁜 친구'를 거침없이 구분 짓는다.

평가와 분류 능력은 위험으로부터 자신을 보호하기 위해 필요하지만, 비현실적 낙관주의의 가동을 제지하는 데는 별로 도움이 되지 않는다. '꾸물거린 나는 나쁘다'고 평가를 내린다고 해서 통제감을 느끼고 해야 할 일을 행동에 옮길 수 있는 건 아니기 때문이다. 자기 자신에 대한 부정적인 평가는 단지 자신을 우울하게 만들 뿐이다(습관적으로 자기를 비난하는 성격은 3장에서 더 자세하게 다룬다). 나의 선택에 대한 책임을 인정하되, 평가 없이 상황을 객관적으로 바라보고, 비현실성으로 빠지는 대신, 확신을 담은 선언을 해보면 도움이 된다.

그러나 방법을 안다고 해서 하루아침에 습관이 바뀌지는 않는다. 다양한 상황에 걸친 지속적인 연습, 즉 '훈습(working through)'을 통해 습관은 서서히 변한다. 건강에 도움이 되지 않는다는 것을 알면서도 그 습관을 버리지 못하는 경우가 많다. 알코올 중독이 아니라도, 술을 먹으면 다음 날 일정 수행에 도움이 되지 않는다는 것을 알지만, 충동에 휩쓸려 습관대로 술자리에 참가한다. 이런 모습을 비현실적 낙관주의로 꾸물거리는 사람에게서 자주 발견할 수 있다.

낙관주의와 건강 행동의 관련성은 연구에서 잘 드러난다. 미국 템플대학교 연구팀이 40~60세 중년에게 미래에 자신이 심장병을 겪게 될 위험성이 어느 정도 될 것 같은지 설문했다.[13] 그 결과, 과반수(56%)가 비현실적 낙관주의자였다. 실제 이들의 생활 습관이나 가족력과 같이 예측력이 있는 정보로 추정할 수 있는 심장 질환 발병 확률보다 20~40% 위험성을 과소평가하는 경향을 보였다.

이 연구 결과는 비현실적인 낙관주의가 실제 위험성에 대비하는 노력을 방해할 수 있다는 것을 보여준다. 실제로 심장 질환 관련 건강 정보를 제공했을 때, 비현실적 낙관주의자들은 그다지 관심을 보이지 않았다. 건강 관리에 신경 써야 할 중년 나이임에도 불구하고, 여느 꾸물거리는 사람과 같이 건강 관리를 미뤘던 것이다.

건강을 해치는 습관을 바꾸기 위해 심리학자들은 습관 형성의 원리를 이해할 필요가 있다고 제언한다. 이들은 특정 방향으로 행동하게 하는 충동을 일으키는 상황적인 신호(cue)와 그에 대한 응답(response)이 반복되면 습관이 생긴다고 하였다.

상황적인 신호가 주어졌을 때, 한 사람이 우연히 선택한 행동이 현실적으로나 정서적으로 좋은 결과로 이어졌다면, 그 사람은 며칠 뒤 비슷한 상황 자극에 대해 동일한 응답을 할 가능성이 커진다. 이렇게 신호-응답 쌍이 반복되어 습관화되면, 이런 패턴이 자동화된다. 이 단계에 이르면 다양한 대처 방법을 떠올리면서 습관을 깰 가능성이 점점 희박해진다는 것이다.

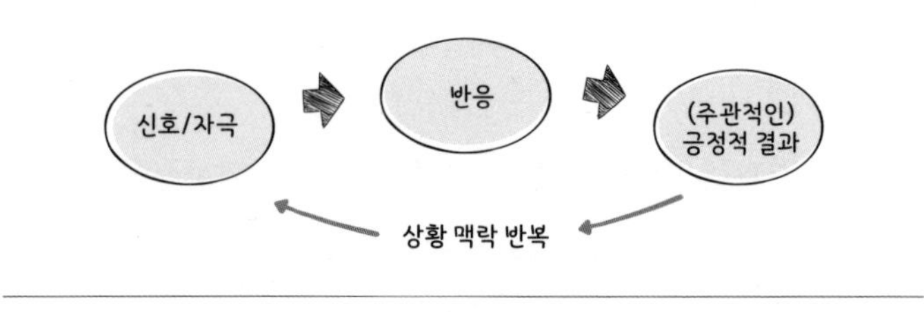

습관 형성 원리

문제 습관을 바꾸기 위해 건강 심리학자들은 습관 대부분이 상황 의존적이라는 사실에 주목했다. 쉬운 예로, 울적한 기분이 들 때마다 습관적으로 퇴근 후 도넛 한 박스를 먹는 사람이 있다. 물론 건강에 안 좋지만, 이 사람은 과거 스트레스 상황에서 단 음식을 먹었더니 기분이 나아졌던 경험을 떠올렸을 것이다. '부정적인 감정' 신호 - '도넛 먹기' 응답이 습관이 된 이상, 이렇게 확실한 방법을 두고 가벼운 운동이나 스트레스 상황에 대한 재해석 연습처럼 노력을 필요로 하는 다른 방법을 사용하기가 어렵다.

그렇다면 자동화된 습관은 어떻게 깨야 할까? 효과적인 첫 단추는 도넛 가게가 있는 그 길이 아닌 다른 길로 가는 것이다. 손쉽게 도넛을 살 수 있는 상황으로부터 멀어지면, 이제 울적한 기분에 대처할 다른 방법을 생각해볼 수 있다. 습관을 반복하던 상황에서 벗어나 다른 대처 방법을 생각해보는 것이 단순하지만 가장 확실한 방법이다.

변화를 위한 첫걸음: 속단하지 않기

이것을 비현실적 낙관주의자에게 적용해보면, 미루는 습관을 바꾸기 위한 첫 단추는 할 일을 받은 그 즉시 한번 가볍게 들춰보는 것이다. 비현실적 낙관주의를 가진 사람의 가장 큰 특징은 일의 규모를 과소평가하는 습관이다. 더 정확히 말하면, 일을 완수하는 데 필요한 노력의 총량을 현실적인 양보다 적게 잡는 데 익숙해져 있다. 게다가 이 비현실적인 예측은 일을 받은 순간 거의 즉각적으로 내려진다.

여기에는 다양한 비현실적 생각이 따라붙는데, 자신의 일 처리 속도나 숙련도에 대한 과신과 일 자체의 속성에 대한 억측 등이 혼재되어 있다. 일주일 분량의 노력이 필요한 과제에 대해 '뭐,

늘 하던 일인데 스퍼트를 내면 3일이면 하지'라거나, '딱 보니깐 있는 자료를 정리만 하면 되는 것이구먼' 식의 순간적인 인상에 의한 평가를 내린 뒤, 낙관주의에 의지해서 일을 미루게 된다.

비현실적인 낙관주의로 인한 과소평가의 맹점은 속단했다는 데에 있다. 현실 증거를 들춰보지 않고 너무 빠른 판단을 한 것이다. 그래서 비현실적 낙관주의자의 일 처리는 늘 시간에 쫓기거나, 실제로 능력이 있어서 창대한 시작을 했더라도, 끝맺을 시간이 부족해서 완성도가 떨어지고 만다.

처음 일을 맡게 되었을 때, 일의 속성과 특징이 어떤지 들춰보는 데는 긴 시간이 필요하지 않다. 일단 그 이메일의 첨부 서류들을 바로 다운로드해 열어보면 된다. 이번 주말에 꼭 대청소가 필요하다면, 일단 재활용 쓰레기의 양을 확인하고, 몇 리터 봉투가 필요한지 메모해둘 수 있다. 일이 주는 인상과 느낌에 의존한 평가는 대부분 부정확하기 때문에 현실적인 증거를 이용해보는 것이다.

우선 일을 한번 들춰보면 이것 자체가 실행 가능성을 높인다. 이 방법은 오래된 습관을 바꾸기 위한 환경을 조성하는 것이다. 이중 시스템 이론(dual process theory)에 의하면, 우리가 결정할 때

두 개의 시스템 중 하나가 작동한다. 첫 번째 시스템은 습관에 이끌려 단순하고 충동적인 결정을 내릴 때 활성화된다. 할 일에 필요한 노력의 총량을 과소평가하는 속단은 비현실적 낙관주의자가 늘상 해오던 대로 이 시스템을 따른 결과이다. 반면에 두 번째 시스템은 결정에 신중을 기할 때 활성화된다.

이중 시스템 이론

시스템 1은 이를 닦거나 신발을 신는 것처럼 별다른 고민이 필요 없는 일에, 반면 시스템 2는 보다 복합적인 결정 상황에서 필요하다. 둘의 차이는 시스템 2를 구동할 때, 시스템 1보다 훨씬 더 긴 시간이 걸린다는 것이다. 비현실적 낙관주의자는 시스템 2가 필요한 일에 시스템 1을 적용함으로써 속단하는 오류를 범하는 것이다.

시스템 2 모드로 들어가 일단 할 일을 한번 들춰보는 것은 긴 시간이 들지 않고 부담도 적다는 장점이 있다. 들춰보기 자체가 일을 해결해주지는 않지만, 분명한 이점이 있다. 주어진 일의 현실적인 분량을 확인하기 위해 일단 첨부 서류들을 열어보면, 자연스레 이미 알고 있는 정보는 입력을 시작할 개연성이 생긴다.

가벼운 마음으로 들춰봤을 때 일의 시작 시기가 앞당겨질 가능성이 커진다. 조금이라도 일을 시작해놓으면, 다음 날 이어서 할 때 더 수월해진다. 비현실적 특성을 하루아침에 바꿀 수는 없지만, 습관을 바꾸는 첫걸음으로 유용한 접근법이다.

들춰보기가 일에 대한 속단을 막는 효용성이 있다면, 자신의 능력을 과신하는 경향은 어떻게 보완할 수 있을까? 비현실적 낙관주의자들은 실제로 능력이 있는 사람들이다. 촉박하게 일을 처리하고도 성공했던 경험이 있기 때문에 지금껏 자신의 낙관주의를 믿고 의지할 수 있었던 것이다. 그래서 이들은 때때로, 3일 만에 할 수 있는 일인데, 일주일이나 시간을 들이는 게 아깝다고 말한다. 비현실적 낙관주의자의 능력을 전혀 근거가 없는 자신감으로 치부할 수는 없지만, 연구 결과를 참고한다면 적어도 이들의 과신에 현실감각이 부족하다는 것을 알 수 있다.

일의 마감이 급하다고 해서 막판 스퍼트로 24시간 집중력을 발휘하기는 어렵다. 건강한 성인의 주의 집중에 관한 연구 결과를 살펴보면, 일관되게 하루 중 최고 수준의 집중력을 발휘할 수 있는 시간은 평균 60분에 그친다.[14,15] 이 중 특별히 뛰어난 사람은 평균 4시간까지 가능하다. 그 이상 초과하면 집중이 흐려지고, 잠시 쉬거나 낮잠을 청하는 등 정신적인 환기가 필요하다.

심리학자 피터 허먼(Peter Herman) 박사는 "많은 사람이 감당하기 어려운 목표를 세운 뒤 이를 빠르게 성취하려 무리하다가 결국에는 실패한다"고 지적하기도 했다. 그러니 '아마도 마감이 임박하면, 하루이틀 최고 집중력으로 처리할 수 있겠지'라며 미루어 짐작하는 자기 과신은 현실적이지 않다.

들춰보기를 사용해 할 일에 필요한 노력의 총량을 현실적으로 알게 되었다면, 나 자신의 체력과 가용한 시간을 안배하는 계획하기가 도움이 된다. 계획하기도 시스템 2 모드로 진행되어야 한다. 필요한 노력의 총량 대비 자신이 담당하고 있는 다른 업무, 취소할 수 없는 약속, 신체적인 컨디션 등 참고 사항은 다양하다.

이때 또 한 가지 기억할 점은 계획이 창대할 필요가 없다는 점이다. 부담을 내려놓고 들춰보기를 시도한 것처럼, 계획은 현실 증거를 이용하되 완벽할 필요는 없다. 초안은 얼마든지 수정할 수 있기 때문이다. 더욱이 계획을 수정하는 과정에서 더 현실적으로 발전시킬 수 있다.

예를 들어, 주말 동안 오후에 최소 두 시간씩 일에 투자하겠다는 계획을 세우더라도 갑자기 어머니가 방문하는 등 예상 밖의 일이 발생할 가능성을 열어두어야 한다. 계획 초안이 없었다면 이러한 상황에 당황하겠지만, 초안이 마련된 이상 오후에 일하는 대신 어머니와 식사한 후 저녁 시간을 이용하는 대안이 가능해진다.

상담자의 오답노트: '현실적인 낙관주의자'가 되자

일을 대할 때 비현실적 낙관주의 대신 시스템 2 모드를 사용하는 습관을 들이기 위해 심리학자들의 지혜를 빌릴 수 있다. 분명한 점은 낙관성을 긍정적으로 바라본다는 것이다. 낙관적인 사람들은 감정의 기본값이 더 긍정적이어서 긍정적인 상황에서 더 크게 행복해하고, 부정적인 일이 생겨도 힘듦 뒤의 희망을 믿는 정신력이 대단하다. 따라서 낙관성을 간직하면서 비현실성은 줄이는 접근이 가장 좋다.

문제 해결이 필요할 때, 상황 분석만큼 해결 능력의 권한자인 자신의 스타일을 아는 것이 중요하다. 비현실적 낙관주의자는 이런 사람들이다. 첫째, 과거 성공 경험이 있기 때문에 자신감이 있다. 둘째, 해야 할 일이 재미없고 지루하게 느껴지면 특히 꾸물거린다. 셋째, 계획을 세울 때 모호함이 많다. 넷째, 습관적으로 속단한다.

'오답노트'는 꾸물거림을 극복하는 프로그램에 흔히 사용된다. 이러한 프로그램에서는 유인물을 이용하거나 필요에 따라 숙제를 부여하기도 하는데, 비현실적 낙관주의자는 자신감이 있어서 상담자의 제안에 협조적이다.

비현실적 낙관주의자를 위한 오답노트는 여느 시험 공부 오답노트와 다르지 않다. 모의고사를 치른 후 노트의 한편에는 오답을, 다른 한편에는 정답을 적고, 그 아래 오답의 원인과 정답 해설을 적는 것이 오답노트의 정석이다. 상담자들은 내담자가 어떤 일을 할 때 얼마의 시간이 걸릴지에 대한 첫인상과 실제로 그 일을 끝내는 데 소요된 시간을 비교하도록 격려한다. 그다음, 내담자들로 하여금 다음과 같은 질문에 답하도록 요청한다.

> 이(예상 소요 시간과 현실적인 소요 시간 간의) 오차가 어떻게 느껴지시나요?
>
> 그 일을 예상 시간 안에 마치기 어려웠던 이유는 구체적으로 무엇인가요?
>
> 일 자체의 속성과 관련된 이유는?
>
> 그 일을 할 때 당신의 상태와 관련된 이유는?

추가로 숙련된 상담자는 이런 질문도 덧붙일 것이다. "과거에는 가능했을지 모르지만, 이번에는 시간이 더 필요했던 그 차이는 어디에서 비롯된 것일까요? 다음에 비슷한 일을 할 때 오차를 줄이기 위해 어떤 방법을 이용해볼 수 있을까요?"

이러한 과정을 거치면서 그다음부터는 실제 노트나 메모장 애플리케이션 등 자신의 취향에 맞는 방법으로 일에 대한 소망사고가 오답으로 판명될 때마다 연습할 수 있다. 그동안 자신의 예측 실패에 대해 내심 '허세 부리다가 잘 안 됐네'라고 부정적인 자기 평가를 내렸다면, 오답노트는 문제 지점이 어디에 있는지를 알려주는 효과가 있다.

회사 생활 직급이 높아져 실제 맡은 일이 전보다 더 복합적으로 바뀌었는데도, 신입사원 시절처럼 처리하려고 했다든지 혹은 자신의 보고서 작성 능력을 과신했거나 요구 분량이 많고 적음에 따라 시간 안배에 차이를 두지 않은 게 오답의 주원인이었을 수 있다.

오답노트 활용 훈련은 자신의 판단에 대한 성찰이 필요해서 시스템 2가 구동되기 때문에 상황을 속단하는 비현실적 낙관주의를 자연스럽게 줄여준다. 오답노트로 발견하는 나 자신과 일의 특징들은 좋거나 나쁜 것이 아니라, 새로운 지식이기에 기존의 낙관성을 해칠 위험도 적다. 다시 말해, 이는 점진적으로 사고 습관을 바꾸는 연습의 과정이다. 훈습을 거치며 예상과 현실의 오차가 줄어들고, 충분히 숙달되면 실제로 노트를 적는 것을 생략해도 될 때가 올 것이다.

3장

"또 미루는 나, 다시 태어나는 게 답인가?"

자기 비난 경향성

* * *

만약 당신이 긍정적으로 느끼고 있다면,

그것은 당신이 긍정적으로 생각하고 있기 때문이다.

– 『시크릿(The Secret)』의 저자 론다 번(Rhonda Byrne)

• • •

대체 나는 왜 이 모양일까?

시간이 얼마 남지 않았는데, 계속 같은 페이지를 보고 있자니 자괴감이 몰려온다. 어제 1페이지라도 더 써놨어야 했는데…. 미루던 어제의 내 모습이 후회스럽다. 벌써 마무리하고 있는 사람도 있는데, 나만 제자리걸음이다. 남들처럼 잘하거나 능력이 뛰어나질 않으면 성실하기라도 해야 하는데…. 매번 이러는 걸 보면 나는 구제불능인 것 같다. 이렇게 게을러터진 나와 누가 일하고 싶을까. 대체 나는 왜 이 모양일까?

'혹시 나의 모습을 보고 쓴 것은 아닐까?'라고 공감된다면 당신은 '자기 비난 경향성'으로 인해 꾸물거리는 것이다. 이런 사람들은 미루는 자신의 모습이 매번 실망스러워 자신을 심하게 책망하곤 한다.

자기 비난 경향성이란 자신을 부정적으로 평가하고 판단하는 것이다.[1] 자기 비난은 크게 수행 상황과 대인관계 두 가지 장면에서 나타난다.[2] 수행 상황에서 활성화되는 자기 비난은 완벽주의 성향과 관련이 깊다.

완벽주의 성향이 높은 사람은 과제를 시작할 때, 경쟁할 때, 마감 기한 내에 결과물을 제출하고 그 결과에 대해 평가받게 될 때와 같은 수행 상황에서 스트레스를 많이 받는다. 자신이 신통치 않아서 부족한 결과물을 제출할지도 모른다고 걱정하며 꾸물거린다. 그래서 자신의 높은 기준을 달성하지 못할 것 같거나, 통제할 수 없을 것 같으면 정신을 바짝 차려서 파국적인 결과를 예방하려고 자기 비난을 한다. 스스로 '과제물을 개선해서 완성도를 높이자'고 말하는 대신, '게으르고 한심한 인간'이라는 식으로 창피를 주는 것이다. 이 방식은 오히려 실패에 대한 두려움을 더 키워서 시작조차 못 하게 만들거나, 심각한 슬럼프에 빠지게 하거나, 아니면 찝찝해서 마무리를 못 하고 마감 기한을 지키지 못하도록 한다. 이와 같은 완벽주의 성향과 관련된 꾸물거림은 5장에서 다루고 있는데, 필요한 경우 나와 가장 관련된

장을 먼저 읽어보는 것이 도움이 될 수 있다.

이번 장에서 다루는 자기 비난 경향성은 특히 '대인관계'와 관련이 깊다. 인간관계를 중요하게 생각하고 항상 염려하는 것이다. 스스로 착한 딸, 듬직한 아들, 헌신적인 엄마, 충실한 아빠가 되길 기대한다. 사회생활을 할 때도 인간관계가 잘 유지되길 바란다. 내가 속한 집단에 확실하게 소속되길 바라고 소외당하고 싶지 않다. 그래서 부적절한 행동, 바보 같은 행동을 한 것 같다든지, 아니면 특정한 방식으로 행동했어야 했는데 하지 않았다고 자신을 질책한다.

자기 비난은 지난 일에 대한 후회, 타인과의 비교, 자기-검열, 자신에 대한 질책과 혐오처럼 다양한 방식으로 나타난다. 그중에서 꾸물거림과 깊은 관계인 자기 비난의 특징은 바로 '죄책감'이다. 자기 비난 경향성이 짙은 사람들은 스스로를 멍청하고, 융통성 없고, 어설프다고 생각할 수 있다. 실수하지 않고, 똑 부러지게 보이기 위해 자신의 생각과 감정, 충동까지 통제하면서 들볶기도 한다. 이 과정에서 자신의 실패나 실수를 비난하는 것뿐아니라 성격, 외모, 행동을 포함한 자기 전체를 부정적으로 판단하고 평가한다.[3]

자기 비난을 계속하면 자신감이 떨어져서 과제를 회피할 가능성이 커진다. 이 경우는 잘하고 싶은 마음이 너무 커서 미루는 것이 아니다. 오히려 다른 사람들이 나의 결과물에 실망하고 비판할까 봐 두려워서 미루는 것이다.

할 수만 있다면, 책임이 큰일은 애초에 맡지 않았을 것이다. 눈에 띄고 싶지 않다. 전문 영역에서 영향력이 커지면 비난받을 위험도 커지는 데다, 질시의 대상이 되어서 사람들에게 눈총을 받게 될까 봐 두렵다. 비록 자기 비난을 하면 자신감이 훼손되어 고통스럽지만, 일을 미룸으로써 적어도 안전에 위협이 되는 상황은 피할 수 있다.

자기 비난의 목표는 내가 두려워하는 위험을 사전에 차단하는 것이고, 그 결과가 꾸물거림이다. '나는 못 해.' '나는 한참 모자라.' '나는 흠이 많아. 숨겨야 돼.' '시도했다가 조롱당할 거야.' 이런 자기 비난 조의 혼잣말로 기꺼이 나의 잠재력을 희생시켜 과업을 미루는 것이다.

나는 충동적이니까, 사람들이 날 차갑게 대할 때 해결할 능력이 없으니까, 내 과도한 자만심 때문에 곤경에 처할 수도 있으니까 일단 피하고 미룬다. 자기 비난으로 스스로를 작고 안전한 상태로 있도록 자신의 사기를 꺾어 미루는 것이다. 그러다 마감 기한 앞에 '진짜 큰일 난다' 싶으면 일을 시작한다. 시간을 못 지켜 민폐를 끼치고 망신을 당할지도 모른다는 공포감이 현실화되면, 그제야 발등의 불을 끄려는 절실함으로 일을 시작하게 된다.

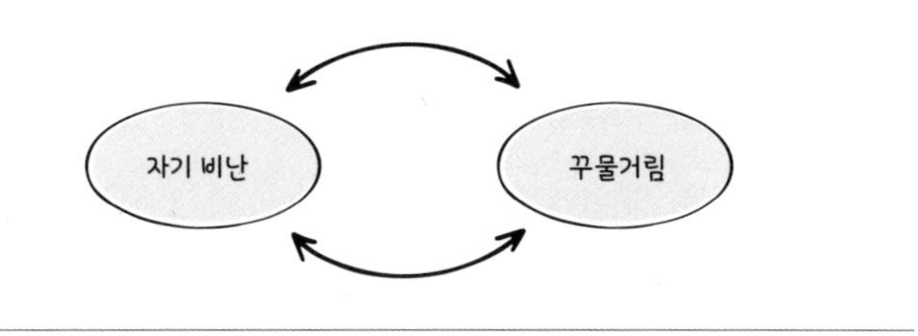

자기 비난과 꾸물거림의 악순환

게다가 자기 비난과 꾸물거림은 서로 돌고 도는 악순환의 관계에 있다. '나는 게으르고 다른 사람들도 나를 한심해할 거야'라는 식으로 자기 비난을 하다 보면 자존감이 낮아지고 힘이 빠진다. 그래서 임시방편으로 불편한 감정들을 피하려고 과업 자체를 회피하면서 꾸물거린다.

하지만 꾸물거림을 자각한 순간, 또다시 죄책감을 동반한 자기 비난이 이어진다. '이런 한심한 짓을 하다니, 모두 실망했을 거야.' 자기 비난 때문에 꾸물거리게 되고, 이것이 또다시 자기 비난을 가져오는 악순환에 갇힌 것이다. 그러면 어떻게 해야 자기 비난과 꾸물거림의 악순환을 선순환으로 바꿀 수 있을까? 자기 비난은 어떤 식으로 나타날까? 이렇게 아픈 자기 비난을 하는 이유는 무엇일까?

자기 비난형 꾸물거림은 순응적이면서 조금 어두운 구석이 있다. 이들은 규칙을 잘 지키는 것이 편안하고, 타인의 기대에 부응하려고 한다. 평소에는 쾌활하고 다른 사람이라면 귀찮아할 만한 일을 척척 해내기도 한다. 불평불만 하는 법도 없고 일도 잘하니 사람 참 좋다는 평이 자자하다.

하지만 가끔 부담스러운 일을 맡으면 일을 미루게 되는데, 이때 '나는 게으른 편'이라며 자신에게 실망한다. 언뜻 보면 가벼운 자책 같지만, 사실 속내는 그렇지 않다. 꾸물거리는 자기 자신이 마음에 들지 않는다. 누군가에게 계속 실망하면 어떤 생각을 갖게 될까? 처음 한두 번은 그냥 넘어가도, 반복되면 그 사람에 대한 부정적인 이미지를 갖게 되기 쉽다.

자기 비난 특성을 보유한 꾸물거리는 사람들은 반복적으로 일을 미루는 자기 자신에게 '나는 못난이'라는 이름표를 붙이고 호되게 꾸짖는다. 타인에게는 더없이 온화하나, 자기 자신에게는 매섭다.

난 잘하는 게 없어.

난 아무짝에도 쓸모가 없어.

어차피 실패할 게 뻔하니까 시도해봐야 소용없어.

모든 게 다 내 탓이야.

남들이 나의 진짜 모습을 알면 실망할 거야.

물론 규율은 자기 관리에 필수이다. 규율이 없다면 고삐 풀린 망아지처럼 자기 편한 대로 하거나 충동적으로 일을 미루게 될 것이다. 필요한 규율은 지키는 게 맞다. 예를 들어, 당뇨 환자라면 건강을 위해 식단을 엄격하게 관리해야 할 것이다. 규율을 지키라는 내면의 목소리도 사실 다 잘되라고 하는 말들이다. 하지만 자기 비난형 특성으로 꾸물거리는 사람이 일을 미루면서 하는 혼잣말은 '나는 약간 게으른 편'이라는 자조적인 성찰을 넘어서는 경우가 많다.

법 없이도 살 것 같은 이 사람들은 속으로 자신을 책망하는 대화를 반복하면서 '나라는 사람은 그냥 답이 없다'는 단정적이고 비관적인 자기 이미지를 만들어간다. 일단 실패자에 게으르고 한심한 사람이라고 자신을 규정해버리고 나면, 능력이 부족해서 주어진 과제를 못 할 것 같다는 두려움을 느끼게 된다. 무기력해지니까 일을 더욱 미루게 된다.

지켜보는 사람들은 답답해한다. 평소에는 안 그러는데 한번씩 왜 이러는지 어리둥절해하기도 한다. 답답한 마음에 주변에서 다그치면 오히려 역효과가 발생한다. 안 그래도 우울하고 속상한 마음에 심한 자책감이 더해지면 수면 아래로 깊이 가라앉아 버릴 것 같다. 먹구름이 몰려오고 어둠이 짙어진다.

자기 비난형 꾸물거림이라는 이름에서 알 수 있듯이, 핵심은 '자신을 비난하는 특성'에 있다. 자신에게 채찍질하면 잠깐 분발하는 데 도움이 될 수도 있지만, 과도한 비난은 마음의 에너지를 갉아먹을 뿐 새로운 에너지를 생산해내지는 못한다. 그렇다면 왜 자신을 심하게 비난하게 될까? 다른 사람한테는 절대 못 할 말들을 정작 자신에게는 소나기처럼 쏟아붓게 되는 데에 어떤 이유가 있을까?

채찍질이라도 해야 더 잘할 수 있어

'이거 잘못되면 다 나 때문이야.'

'나 이러다 망할 거야.'

이런 생각이 들면 위기감이 느껴진다. 때로는 불안과 두려움이 나를 자극하는 연료가 되어 행동하게 되었던 경험이 있었을 것이다. 스스로 채찍질이라도 해야 더 잘할 수 있다고 믿으면서 말이다. 하지만 과연 정말 쓴소리 자극법이 목표 달성에 도움이 될까?

이를 알아보고자 미국의 센트럴미시간대학교에서 '자기 비난'이 '작업 기억(working memory)'에 어떤 영향을 주는지 실험했다.[4] 작업 기억이란 어떤 과제를 처리할 때, 필요한 여러 정보를 즉각적으로 다루면서 일의 순서를 매기거나 효율적인 계획을 세우는 영역으로, 작업 기억의 용량은 학습과 수행에 큰 영향을 미친다. 연구자들은 '성공 혹은 실패 경험'을 했을 때, 자기 비난 정도에 따른 작업 기억의 변화를 측정함으로써 자기 비난이 목표 달성과 수행에 어떤 영향을 미치는지 알아보고자 하였다.

작업 기억을 측정하는 테스트를 진행하기 전, 참가자들은 평소 자기 비난 정도를 알아보는 설문에 응답하였다. 이후 진행된 첫 번째 테스트에서는 일부 참가자들에겐 실패의 경험을, 다른 참가자들에겐 성공의 경험을 주기 위해 테스트의 난이도를 임의로 조정했다. 참가자들은 테스트에서 실패 혹은 성공했다는 자신의 결과를 안내받았고, 뒤이어 조작하지 않은 두 번째 테스트에 참여하였다. 그리고 테스트 전·중·후로 참가자들의 정서 상태를 함께 측정하였다.

실험 결과, 자기 비난의 정도가 낮은 사람들은 성공이나 실패가 작업 기억 능력에 거의 영향을 주지 않았다. 반면에 자기 비난 정도가 높은 사람들은 실패 경험 후 작업 기억이 일시적으로 향상되었고, 오히려 성공 경험 후 작업 기억이 감소하였다. 즉, 자기 비난을 계속해왔던 사람들은 자신을 채찍질하게 되는 상황에서만 각성된다는 것이다. 실패에 대한 두려움과 위기감이 일시적으로 수행 능력을 향상시켰다고 볼 수 있다.

이것은 자신에게 비난의 쓴소리를 할 때, 정신이 번쩍 들었던 경험을 설명해준다. 그러나 이는 강한 스트레스에 의한 일시적인 반응으로, 계속 유지되지 않는다. 그리고 성공 경험은 이들에게 동기를 부여하지 않을뿐더러 '이제 됐다'라는 안도감으로 인해 긴장감이 없어져서 작업 기억이 떨어진다는 것이다.

보통 성공과 실패 여부에 크게 동요하지 않아야 목표 행동을 계속 유지하는 데 유리하다. 또한, 성공 경험을 통한 성취감이 행동 유지의 원동력이 된다. 그런데 자기 비난 수준이 높으면 수행 결과에 따라 동요가 커서 과제를 다시 시도하기가 어렵다. 그리고 성공 경험으로부터 긍정적인 에너지를 끌어오기 어렵다. 실패와 두려움을 제거하고자 행동하게 되면, 과제를 완수해도 다행이라는 생각이 들 뿐, 내가 원하는 목표를 달성했다는 성취감으로 이어지지 않는다.

쓴소리 자극법은 그 순간의 문제를 모면하는 데는 잠깐의 도움이 될지 모른다. 하지만 위기감으로 인해 생긴 스트레스는 나를 지치게 하고, 스스로를 향한 비난의 말은 자신에게 상처로 남게 된다. '과제를 해낸 나'가 아닌, '위기를 겨우 모면한 나'만이 남게 되는 것이다.

손쉬운 도피는 더 큰 문제를 불러온다

자기 비난이 좋지 않다는 걸 알면서도 자꾸 하게 되는 데에는 자기 비난이 주는 이득이 존재하기 때문이다. 자기 비난 경향성이 높은 사람에게 꾸물거림은 용납하기 어려운 수치스러운 모습이다. 제대로 못 한 모습을 보여주려니 내 인생과 주변 사람들에게 면목이 없다. 그런 자신을 벌주려고 비난을 한다.

그렇게 실컷 혼나고 나면, 수치심과 죄책감이 조금 완화된다. 잘못한 나 자신을 내가 처벌하였고, 책임을 진 것 같아 마음이 조금 가벼워진다. 즉, 자기 비난은 나를 괴롭히는 부정적인 감정을 조절하기 위한 일시적인 전략이다.

또한, 현재와 미래의 과제, 그리고 그 과제로부터 연상되는 두려움과 수치심에 직면하지 않게 되는 이득이 있다. 자신의 실수와 잘못했던 과거의 자신을 비난하는 동안에는 과거와 나 자신에게 초점이 맞추어져 있어서, 현재와 미래에 직면하게 될 두려움과 수치심으로부터 잠시 시선을 돌릴 수 있게 된다. 자기 비난이 훌륭한 도피 수단으로 사용된다. 실제로 자신에 대한 비난이 도피 행동과 꾸물거림을 불러온다는 연구 결과가 보고된 바 있다.[5]

처음에는 마음이 약해지지 않도록 마음 굳게 먹으라고 단호한 혼잣말을 했을 수도 있다. 하지만 채찍 손잡이 부분을 조금만 움직여도 채찍의 끝에는 커다란 파동이 생기는 법이다. 이런 채찍 효과(Bullwhip effect)[6,7]로 조그마한 꾸지람이 자신을 향한 매서운 비난으로 증폭되면, 의욕이 확 꺾이고 두려움이 커진다.

이때 두려움이나 망신당할지도 모른다는 걱정에 휩싸이면 정말 무엇이 문제인지, 문제를 어떻게 해결할 것인지에는 주의를 기울일 수 없다. 일부러 의도한 것은 아니지만, 자기 비난으로 마음속에 큰 소란을 일으켜 주의를 끌고, 정작 중요한 일은 해결되지 않은 채 슬그머니 뒷전에 남게 되는 것이다.

자기 비난으로 인한 급한 불을 끄느라 중요한 일을 일단 미루긴 했는데, 그렇다면 자기 비난이 가져오는 이득에 따른 결과는 어떨까? 자신의 부정적인 감정을 조절하려는 방편으로 자기 비난을 활용하였지만, 그 결과는 안타깝게도 우울과 무기력이라는 또 다른 부정적인 감정을 불러온다. 수치심이나 죄책감은 완화되었을지 몰라도, 자신에게 혼나고 뒤따라온 상처로 인해 오히려 실행할 '힘'이 줄어들어 정작 중요한 행동으로 나아가지 못하는 것이다.

특히 자신의 게으름을 비난하다가, 결국 '그래, 나는 나쁜 인간이야'라는 결론에 도달하는 데까지 이르면 변화하려는 노력을 포기하게 된다. 체념에 이르는 이유는 '잘못된 행동'은 고칠 수 있어도 '나쁜 인간'은 고치기 어렵기 때문이다.[8]

자기 비난-죄책감-꾸물거림의 삼각관계

우리는 흔히 누군가 잘못을 저질렀을 때 비난하곤 한다. 또는 기준에 미치지 못했을 때, 이탈된 행동을 할 때 비난하곤 한다. 그 비난이 자신을 향할 때, 자기 비난이 된다. 자기 비난은 행동, 감정 등 자신이 경험하고 있는 것에 대해 스스로 비난하는 것으로, 발생한 사건을 자신의 잘못이라고 생각하는 사고방식과 관련된다.

누구나 내적 기준을 가지고 있다. '거짓말을 하면 안 된다'라는 도덕 기준부터 '잘해야 한다', '중간은 가야 한다', '성실해야 한다'의 성취 기준까지 그 기준은 분야와 정도가 다양하다. 자기 비난은 자신의 내적 기준을 만족시키지 못할 때 나타난다. '~해야 한다'는 규칙을 지키지 못한 잘못에 대해 처벌적인 평가를 내리게 되는 것이 자기 비난이다. 그리고 그 사이에는 죄책감이 있다.

'죄책감'은 자신이 저지른 잘못으로 인해 내적인 형벌감과 책임감을 느끼는 감정이다. 죄책감은 계속 지니고 있기에는 너무나도 피하고 싶을 만큼 무서운 감정이다. 이를 해소하기 위해 무언가를 하게 되는데, 자기 비난형으로 꾸물거리는 사람들이 택해왔던 방식이 바로 자기 비난이다. '너 그렇게 잘못하면 안 된다'고 매섭게 꾸짖으며 죄책감을 해소하고자 한다.

하지만 그러한 꾸짖음은 나의 자존감에 생채기를 남긴다. '한심한 놈'이라고 꼬리표를 매기는 순간 그마저도 없던 나의 효능감이 사라지고 만다. '이래 가지고 뭘 할 수 있겠어?' 비난받은 나는 더 무기력해지고, '능력이 부족한 나'는 해야 하는 과제를 들춰보기 두려워진다. 그렇게 더욱 미루게 된다.

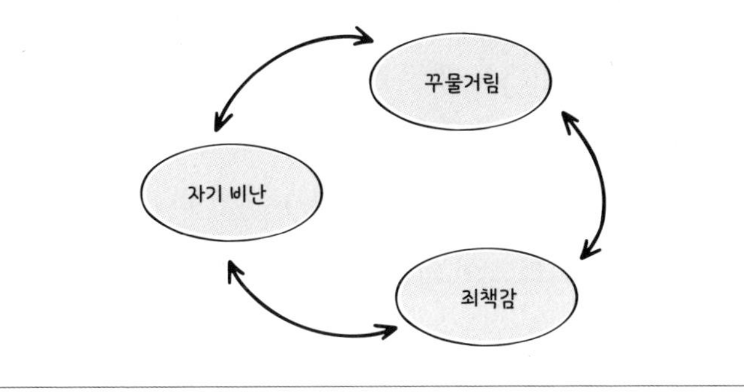

자기 비난, 죄책감, 꾸물거림의 악순환

죄책감은 자기 비난을 불러일으키는 매개체가 되어 꾸물거리게 만드는 원인이 되기도 하면서, 꾸물거림 이후에 찾아오는 결과가 되기도 한다. 미루고 있는 내 모습은 용납하기 어려운 모습이다. 너무 많은 기준을 어기고 있기 때문이다. 이런 잘못을 저지르고 있기에 죄책감이 몰려오고, 죄책감이 드는 순간 자기 비난이 발동하고, 무기력이 깊어져서 더 미루게 된다. 이렇게 서로가 서로에게 영향을 주고, 셋이 손잡고 악순환의 고리에 빠져드는 끈끈한 삼각관계를 이루고 있다. 도대체 이 악순환의 삼각관계는 어디에서 어떻게 온 것일까?

자기 비난의 기원

자신을 비난하고 싶은 사람은 아무도 없다. 비난은 결점이나 잘못을 꼭 집어 들춰내고 나쁘게 말하는 것이다. 처음에는 아마 정신 바짝 차리라고 따끔한 조언을 하려는 의도였을 수 있다. '이런 식으로 하다간 모두 망쳐버릴 거'라고 나를 채찍질하면 위기감에 정신 차리고 이 악물고 해낼 수 있을 것 같았는데, 여전히 꾸물거리는 자신을 발견하게 된다.

우선은 이 매서운 비난의 출처를 한번 찾아볼 필요가 있다. 어쩌면 나를 아프게 하는 비난의 목소리가 처음부터 나의 것은 아니었을 수도 있다. 한 가지 가설은 주 양육자(주로 부모)의 잘되라고 하는 사랑의 꾸지람이 메아리처럼 남아 있을 가능성이다.

어린 시절에는 세상이나 나 자신을 객관적으로 판단하기가 어렵다. 우리는 주 양육자를 통해 세상을 접하고, 자기 자신에 대해서도 하나씩 알아가게 된다. 아이들에게 주 양육자는 절대적인 존재이다. 어른의 입장에서 조금 따끔한 정도의 꾸지람일 수 있지만, 주 양육자의 선한 의도가 전해지지 않으면 아이들은 자신에게 문제가 있다고 느끼게 되고, 자신이 부적절하고 잘못된 존재라는 인식을 형성하게 된다.

주 양육자는 아이를 향상시켜 주고픈 마음으로 잘못된 점을 지적하지만, 애정이 함께 전달되지 않으면 아이는 자신이 늘 부족하다고 느끼기 쉽다. 자칫 아이들은 자기 존재가 환영받지 못하고, 자신의 존재에 결함이 있어서 온전히 사랑받기 어려운 존재라고 인식할 가능성이 크다. 그렇게 외부에서 시작된 따끔한 조언은 어느새 아이의 내면으로 스며들어 자신의 목소리가 된다.

부모의 목소리는 아이의 완벽주의에도 영향을 줄 수 있으며, 완벽주의는 자기 비난을 하게 되는 주요한 원인이 될 수 있다. 스스로를 비난하는 데 완벽주의가 관여한다면, 이 책의 5장에서 그 관여의 과정을 더 자세하게 이해할 수 있다.

부모의 헌신과 자녀의 죄책감

"엄마는 정말 헌신적인 사람이에요. 가족을 위해 늘 희생하셨죠. 그래서 엄마가 힘들다고 하소연하시면 외면할 수가 없어요. 어느 날 회사에서 너무 힘들었다가 집에 왔는데, 엄마가 넋두리하듯 속상한 걸 말씀하셨어요. 정말 그날은 엄마 이야기를 들어드릴 기분이 아니었거든요. 저도 여유가 없어서…. 그래서 모른 척 방으로 들어갔어요. 그랬더니 엄마가 '그래, 바쁘고 힘든데 엄마가 신세타령했지? 미안해' 하면서 가시는 거예요. 죄책감이 일면서 뭔가 참기 어려운 기분에 휩싸였어요."

대부분의 부모는 자녀를 사랑한다. 평소 환경에 관심이 없던 사람도 자녀가 태어난 이후에 환경보호를 실천하는 경우가 많다. 부모 자신이 살아갈 날이 아니라, 자녀가 살아갈 미래를 걱정하기 시작하는 것이다. 부모 자신은 괜찮지만, 내 자녀는 미래에 깨끗한 환경에서 안전하게 살길 바란다. 부모에게는 자녀가 1순위가 된다.

그래서 부모는 자녀에게 빨리, 많은 것을 가르쳐주고 싶어 한다. 세상을 사는 법, 세상을 보는 눈, 자신을 지키는 방법을 알려주고 싶은 것이다. 부모가 없을 때 혼자 남겨질 자녀가 자립해서 살아가야 할 텐데, 먼 훗날 자녀가 뭐 해 먹고 살지 걱정이 앞선다. 그로 인해 부모가 삶에서 뼈아프게 얻은 교훈을 자녀에게 전해주려고 한다. 자녀가 숙지하고 익혀야 할 교육들은 자녀의 화법, 태도, 공부 습관, 생활 습관, 여가 생활 등 자녀의 생활 전반에 포진되어 있다. 이 양육의 과정에서 부모는 자녀가 부모의 제안을 '잘 듣게' 할 방법이 없을지 궁리하게 된다. 의도적이든, 의도적이지 않든 자녀의 생각과 감정, 행동을 부모의 방식대로 조정하는 행동을 하기도 한다. 간혹 부모는 부적응적인 통제 방법을 사용하게 되기도 하는데, 미국의 심리학자 브라이언 바버(Brian Barber)는 이를 '심리적 통제(psychological control)'라고 불렀다.[9] 심리적 통제에는 의사 표현 제한, 감정 불인정, 비난, 애정 철회, 불안정한 감정 기복, 죄책감 유발의 여섯 가지가 있다.

하나씩 살펴보면, 첫 번째 '의사 표현 제한(constrain verbal expressions)'은 부모가 자녀의 말을 무시하거나 방해하는 것이다. 두 번째 '감정 불인정(invalidating feeling)'은 자녀의 감정을 그럴 수 있다고 수용해주지 않는 것이다. "농담도 못 하니? 넌, 왜 그렇게 예민하니?"와 같은 말을 예로 들 수 있다.

세 번째는 '비난(personal attack)'이다. 자녀의 부족한 점을 계속 꼬집고 비꼬고 비난하는 것이다. 네 번째는 '애정 철회(love withdrawal)'이다. 부모가 기대한 대로 잘하면 사랑을 주고, 못하면 사랑을 거두는 것이다.

다섯 번째 '불안정한 감정 기복(erratic emotional behavior)'은 자녀에게 정서적으로 일관되지 않은 태도를 보이는 것이다. 어느 날은 엄격함을 강조하면서 냉담하고 차갑게 대했다가, 어느 날은 친구 같은 부모를 표방하며 친근하게 대하면 자녀는 혼란스러워한다. 마지막 여섯 번째는 '죄책감 유발(guilt induction)'이다. 부모가 자녀에게 죄책감을 갖도록 하는 것이다. 자녀가 정말 부모를 생각한다면, 부모를 걱정시킬 행동은 하지 말아야 한다는 식으로 죄책감을 갖도록 하는 것이다.

이러한 심리적 통제는 부모의 감정, 생각을 자녀에게 주입하고, 부모가 원하는 대로 행동하게 한다. 부모가 심리적 통제를 할 때는, 자녀가 부모의 뜻과 다른, 자녀 고유의 무엇인가를 시도하려고 할 때, 은근한 처벌이 뒤따르는 양상을 보이기도 한다.

예를 들어, 다른 사람들 앞에서 자녀가 얼마나 속 썩이는 아이였는지 부적절하게 늘어놓아 창피를 준다. 자녀가 부모의 하소연을 듣다못해 "나도 오늘 너무 힘들었다"고 하면, 부모는 왜 그걸 이제야 말하냐며 화를 내거나, 또는 부모된 게 죄인이라는 식의 죄책감을 불러일으켜 자녀의 입을 막는 식이다. 이러한 심리적 통제는 자녀를 부모에게 의존하게 만들어 개인 내적 과정을 통제하기 때문에, 자녀의 독립성 발달을 억제하게 된다.

해야 하는 것 vs. 하고 싶은 것

물론 어떤 부모는 자녀를 자신들이 원하는 대로 이끌려고 의도적이고 계획적으로 심리적 통제를 이용하기도 한다. 모든 부모가 성숙한 것은 아니기 때문에, 드물지만 악의적으로 자녀를 조정하려고 할 수도 있다. 하지만 역설적이게도 아주 헌신적인 부모 역시 의도치 않게 자녀의 죄책감을 유발한다. 자녀가 부모의 희생과 사랑을 모를 리 없다. 부모의 삶을 보면 같은 인간으로 짠해진다. '아빠, 엄마가 나를 위해 저렇게 고생하시는데, 나도 최선을 다해야겠다'고 느낀다.

괜찮다고는 말씀하시지만, 그리고 부모가 바라지 않으시지만, 내가 원하는 대로 하려고 하면, 혹시 부모가 크게 실망하진 않을지 두려워진다. 아직 자신의 정체성이 충분히 단단해지지 않았다면, '이렇게 해도 될 것 같은데?'라는 생각이 들었다가도 바로 자신이 없어진다. 혹시 잘못되면 그 책임은 오롯이 나한테 오기 때문이다.

이 순간 스스로를 비난하는 태도가 발생한다. 자녀는 부모의 인정과 사랑을 잃고 싶지 않다. 간절히 원한다. 그렇기 때문에 자기(self)라는 사람의 생각과 감정을 우선시할 때마다, 부모에게서 멀어지거나, 부모를 실망시킬까 봐 두려워한다. 그래서 하고 싶은 게 생길 때마다 자신을 '은혜도 모르는 배은망덕한' 사람으로 느끼거나, '부모님 고생 생각하면 싫어도 좀 참고 당연히 해야 한다'고 느낀다. 즉, 내가 바라는 것과 부모님이 기대하는 바가 상충할 때, 부모님의 기대와 달리 마음대로 행동하고 싶어지면 스스로를 혼내기 시작한다.

하지만 인간의 기본 심리 욕구란 강력하다. 카를 구스타프 융(Carl Gustav Jung) 역시 "무의식은 반드시 되돌아온다"고 말했다. 사람은 나이가 들며 성장할수록 자기 중심을 갖고 행동하고 싶어 한다. 부모의 기대는 수많은 당위의 형태로 내 안에 남아 있긴 하지만, 그건 '해야 하는 것이지, 하고 싶은 것이 아니야'라고 스스로를 비난하고 다그친다고 해서, 하고 싶은 것이 사라지지 않는다. 그렇다고 당위에 의해 그냥 행동하기는 마음이 내키질 않는다. 자기 자신에게 꿀밤을 연속으로 계속 때리면서 나아가지 못한 채 한자리에 머무는 것이 바로 자기 비난에 의한 꾸물거림이다.

인간의 행동은 부모라는 외부 요인에 의해 결정되기도 하지만, 개인 내부 요인에 의해 결정되기도 한다. 이를 '자기 결정성 이론(Self-Determination Theory: SDT)'으로 설명할 수 있다.[10] 행동의 원동력을 외부 요인과 내부 요인 두 가지로 무 자르듯 나눌 수는 없다. 이는 연속적인 개념이기 때문이다. 10 중에 7:3으로 외부 요인 7에 의해 행동을 결정하면 덜 자기 결정적이고, 10 중에 6:4로 내부 요인 6에 의해 행동을 결정하면 더 자기 결정적이다. 사회과학 연구에서는 일관적으로 자기 결정성이 인간 행복의 핵심이라고 말한다.

그러나 자기 결정성을 확보하려고 해도, 일단 무엇이 외부 요인이고 내부 요인인지를 구분하는 게 쉽지 않다. 부모님의 기대는 실재하는 것인가, 아니면 내가 그렇게 생각하는 것인가? 내 마음속에 '부모님을 도와드려야 한다'는 형태의 당위가 존재한다면, 이 생각의 근원이 부모인가, 아니면 나인가? 이 모든 것을 명확하게 평가하려는 시도는 결국 닭이 먼저냐 달걀이 먼저냐 같은 답이 없는 입씨름으로 끝날 가능성이 크다.

그렇다고 깔끔하게 부모님 뜻에 따르자니, 그것도 쉽지는 않다. 왜냐하면 자녀가 부모에게 의존해온 만큼, 이제는 부모도 자녀에게 의지하기 때문이다. 특히 부모는 돈독한 관계로 순응적으로 자란 자녀가 어느 순간 듬직하게 느껴진다. 세상이 너무 빨리 변하는데, 부모 역시 새로운 문화에 적응한 자녀의 도움이 필요한 일들이 많다. 자녀는 자기가 부모에게 도움이 되었다며 기쁘기도 하지만, 한편으로는 부모의 약한 모습을 보며 이제 내가 나서서 뭔가 해야 할 때라는 느낌을 지울 수 없다. 그래서 마냥 부모만을 바라보고 살 순 없다. 거기에 부모 역시 이제는 "네가 원하는 대로 하라"고 한다.

하지만 내 뜻대로 뭔가 하려고 할 때마다 부담감을 느낀다. 부모는 아니라고 하지만, 분명 뭔가 기대하는 눈치인데, 시도했다가 잘못되면 내가 혼자서 이 모든 책임을 질 수 있을지 두렵다. 내 실패는 나만의 실패가 아니다. 부모의 실패이자, 부모의 체면이 깎이는 일이다. '내가 그렇지 뭐'라는 혼잣말을 하면서 나를 다그쳐보지만, 채찍질에도 쉬이 몸이 움직여지지 않는다. 겁에 질린 말에 채찍질을 하면 정신 차리고 달려 나가나? 오히려 뒷걸음질하거나 도망치려고 한다. 피가 스며 나올 때까지 채찍을 후려치면 움직이기야 하겠지만, 처참한 광경이 아닐 수 없다. 켜켜이 쌓이는 부담감 속에 앞으로 나아갈 수가 없다.

다시 주목해야 할 것은 '자기 결정'이다. 고통 속에 잊혀가고 있었던 '내 뜻대로 뭔가 하려고 한다'는 부분이다. 부담감과 겁에 질려 파묻혀버렸지만, 그 속에 작게 빛나는 '자기 결정'이 있다. 꾸물거리면서 죄책감, 자기 비난 같은 고통도 있지만, 그 속에 내가 자기 결정을 하는 데 도움이 될 내적인 근거들이 이미 존재하고 있다.

그동안은 해야 하는 것과 하고 싶은 것 사이에서 이러지도 못하고 저러지도 못한 채 마음고생만 했던 것이다. 생각보다 큰 그 고통을 회피하느라 게임기를 붙잡고, 현실을 도피하고, 꾸물거리며 찝찝해했던 것이다. 내 마음속엔 이미 나에게 무엇이 중요한지, 어느 정도 타협해야 하는지에 대한 정보가 충분하다.

고통을 주던 자기 비난을 멈추고, 죄책감에 가려져 있던 이 정보들을 수집하면 할수록 내가 무엇을 하고, 하지 않을지를 스스로 선택할 수 있다. 소크라테스(Socrates)의 "너 자신을 알라"는 말은 자신이 얼마나 무지한지 깨달으라는 일침이 아니다. 그보다는 내가 나라는 사람에 대해, 그리고 진리에 대해 알아차릴 수 있는 충분한 능력이 있는 사람임을 알려주는 말이다.

정말로 내가 원하던 것일까?

모든 일에는 일장일단이 있다. 사람은 누구나 다른 사람의 긍정적인 관심을 원한다. 하지만 그 인정 욕구 때문에 자신의 욕구를 희생시키는 결과를 낳기도 한다. 긍정적인 관심, 인정 욕구는 한 사람의 성장 과정에 없어서는 안 될 필수 자양분이다. 인간 중심 상담의 대가 칼 로저스(Carl Rogers)는 인간은 선천적으로 자기를 실현하려는 성향을 가지고 있다고 했다. 모든 인간은 각자 이러한 생명력과 저력을 가지고 있다. 마치 식물이 꽃을 피워내듯, 인간은 스스로 자신의 잠재력을 발현하려고 한다.

단, 식물이 꽃을 피우려면 토양, 물, 영양분, 햇빛의 기본 요소가 필요하듯, 인간에게도 필요한 것이 있다. 바로 타인으로부터의 사랑, 수용, 인정, 온화함 같은 긍정적인 관심이다. 무조건적인 사랑과 존중이 일관적이고 안정적으로 주어지기만 하면, 인간은 자연적으로 자기(self)의 발달을 촉진시킨다. 식물은 물관부로 온 힘을 다해 물을 끌어당기고, 빛을 향해 굴곡 운동을 하는 굴광성(phototropism)으로 기꺼이 굽어 자란다. 인간 역시 자연적으로 다른 사람의 긍정적인 관심을 원한다.

부모님 또는 선생님이 책 읽는 모습을 칭찬하셨다고 하자. "책을 참 꾸준하게 읽는구나. 우리 딸하고 아들이 그러면 얼마나 좋을까? 참 보기 좋다." 나에게 중요한 어른이 이런 긍정적인 피드백을 준다면, 책 읽기가 바람직한 행동이라는 것을 알게 된다. 책을 읽는 게 좋다는 방향만 있으면 좋겠지만, 반대 방향에도 영향을 준다. 즉, 놀고 있거나 쉬는 자신이 인정받지 못할 것 같다는 생각이 함께 드는 것이다.

조금 더 나아가면 열심히 공부하고 있을 때만 자신이 칭찬받을 만한 아이라고 느낄 수도 있다. 그러면 아동은 점점 자신의 욕구와 가치보다는 중요한 타인들로부터 수용되고 인정받을 수 있는 행동과 가치, 즉 조건화된 가치(conditioned self-worth)에 자신을 맞추게 된다.

억울한 일이 생기면 사실 아동은 떼를 쓰고 싶다. 하지만 이 행동은 허락되지 않는다. 그래서 꾹 참게 된다. 참는 것은 일상다반사다. 밖에 나가서 뛰어놀고 싶지만, 참고 숙제를 한다. 게임을 하고 싶지만, 참고 책을 읽는다. 혼자 있고 싶지만, 어른들이 오시면 예의 바르게 함께한다. 물론 이 과정에서 아동은 자신의 행동을 조절하게 되고 사회화된다. 하지만 자신의 욕구를 타인의 기준에 맞추어 희생하기도 한다.

성실하게 공부할 때만 자신이 가치 있게 느껴지고, 쉬고 싶어 하거나 꾸준히 해내지 못할 때 자신이 잘못하고 있다는 느낌을 받으며, 가치 없다는 느낌마저 든다. 특히 부모의 사랑이 조건적일수록, 주변의 인정이 조건적인 환경일수록 주변으로부터 긍정적인 반응을 받기 위해 자신이 경험하고 있는 자연스러운 감정과 생각들을 더 무시하게 된다. 이러한 가치 조건화는 개인의 자존감에 영향을 미치고, 자신이 가진 가치를 충분히 실현하려는 자기실현 경향성은 억제된다.

'나는 불안한데, 불안함을 느끼면 안 될 것 같다. 하기 싫은데, 이걸 하기 싫어하면 안 될 것 같다.' 해야 할 것 같아서 나아가려 하지만, 나아가지지 않는다. 다른 사람에게 받아들여지지 않을 것 같아 억눌러오거나 회피해왔지만, 여기 나의 관심과 취향이 생생하고 온전하게 존재한다. 자꾸 주춤거리게 되고, 해야 한다는 걸 알면서도 하지 못해서 자책해왔다면, 그동안 바라보지 않았던 나의 소망들을 마주 보아야 할 때이다.

죄책감이 주는 신호

사실 정답은 죄책감에 있다. '죄책감'은 그 상황에 집중해야 한다는 신호이다. 특히 내 행동과 가치관이 일치하는지 살펴보라는 신호다. 죄책감이 강렬한 이유는 그 안에 나에 대한 핵심 정보가 많기 때문이다. 죄책감은 내 행동과 나의 핵심 가치관이 일치하지 않을 때 느끼는 감정이다.

예컨대, 건물 문을 열고 바쁘게 밖으로 나가려는데, 내 뒤로 어떤 사람이 부피가 큰 물건을 들고 따라오고 있다. 앞사람은 문을 잡아줄까 말까 잠깐 고민한다. 그리고 그날따라 너무 바빠서 뒷사람에게 피해가 가지 않게 문을 당겨서 열고, 우선 자신만 건물 밖으로 빠져나왔다. 뒷사람에게 폐를 끼치진 않았지만, 도움이 되진 않았다. 언뜻 보니 혼자서 문을 열고 나오는 뒷사람이 보이는 듯해서 앞사람은 마음이 불편하다.

미안한 마음이 들었다는 건 이 사람에게 '가능하면 돕자'라는 가치관이 있다는 것을 보여준다. 그 가치관과 자신의 몸만 챙겨 나온 행동이 일치하기 않았기 때문에 마음이 불편했던 것이다.

이럴 때 이 사람은 '나는 못됐다' 하면서 자신을 탓할 수도 있다. 아마 나쁜 사람이 된 것 같아서 기분이 가라앉을 것이다. 하지만 '내가 의외로 이런 사람이었네? 다음번에는 문을 잡아주는 게 낫겠다'는 정보를 획득할 수도 있다. 그러면 기분이 좀 나아진다. 만약 일을 미루면서 죄책감을 느낀다면, 꾸물거림 행동과 나의 핵심 가치관이 일치하지 않는다는 의미다. 어떤 가치관인지는 사람마다 다르지만, 죄책감의 강도가 강할수록 중요한 가치관일 가능성이 크다.

그러나 죄책감은 강한 감정이다. 잘못된 생각을 하는 것 같고, 잘못된 행동을 하는 것 같아 죄책감이 들 때면, 이를 빠르게 해소하고자 자신을 비난해왔을 것이다. 어렸을 때 꾸중 들을 때의 긴장감을 견디지 못해서 '아 그냥 크게 한 대 맞고 끝났으면…' 하던 기억이 있을 것이다.

죄책감은 가지고 있기에는 너무 무거운 감정이다. 내가 나쁜 사람이 된 것 같은 부정적인 자기 평가가 동반되고 괴롭고 내 맘대로 통제가 안 된다. 하지만 죄책감은 내가 어떠해야 하는지 알려주고, 내 생각과 행동의 지침을 알려주는 감정이기도 하다.

나에게 중요한 게 무엇인지 알아야 내가 원하는 대로 살 수 있고, 죄책감도 안 느낀다. 나의 가치에 따라 살면 가볍고 경쾌하게 살 수 있다. 이 중요한 정보가 죄책감을 느끼는 상황에 담겨 있는데, 그 고통을 회피해서 우리는 '죄책감-자기 비난-꾸물거림'의 삼각 틀에서 무한으로 돌고 있다.

사람마다 중요한 가치는 다양하다. 예를 들어, '미루면 민폐가 될 수도 있다'라는 것은 '사람들에게 도움이 되고 싶다'는 의미다. '이 세상을 살아가려면 꾸준함 정도는 기본이지. 이것도 못하면…'이라는 건 성실함이나 책임감을 인생의 기본 덕목으로 생각하고 있다는 뜻이다. 죄책감은 내가 소중하게 여기는 가치를 어겨 양심의 가책을 느끼는 것이다.

죄책감은 대표적인 자의식적 정서(self-conscious emotion)이다.[11] 이것은 나쁘다고 규정한 것을 행할 때 나타나는 감정이다. 행동 자체는 나쁠 수도 있고 그렇지 않을 수도 있지만, 일단 바람직하지 않다고 여기는 것을 하기 때문에 죄책감이 드는 것이다. 그래서 죄책감은 대인관계에서 다른 사람을 돕고, 다른 사람에게 공감하는 것처럼, 바람직한 행동을 유도하는 기능이 있다.[12]

하지만 여기서의 가치란, '당위'와는 구별되어야 한다. 당위는 '~해야 한다', '~안 하면 안 된다'와 같은 어미가 붙는다. 거기에 강한 어조의 '반드시'라는 부사가 붙는다. 의무에 센 부사가 함께 있는 것이다. '절대 안 하면 안 된다'식의 '결코'라는 강한 부사와 해야 한다는 말이 함께 들어갔다면, 이건 가치가 아니라 당위다.

당위 때문에 죄책감을 느끼면, 우울해진다. '나는 왜 이럴까?', '왜 이런 기분을 느낄까?' 같은 질문을 스스로 던지면서 실패한 이유, 기분 저하의 이유를 분석하는 것이다. 이러한 패턴을 '반추적 반응 양식(ruminative response style)'이라고 한다.[13] 우울한 기분이 들었을 때, 원인과 결과에 대해 파고드는 생각과 행동 패턴을 의미한다. 내가 한심해서 자꾸 꾸물거리는 거라면서 부정적인 감정과 그 결과에 대해 주의를 집중하는 모습이다. 연쇄적으로 부정적인 생각이 꼬리를 물고 반복할수록 우울과 무기력이 깊어져 악순환이 지속된다.

가치는 당위가 아닌, 욕구의 특성을 띤다. '~하고 싶다', '~한 사람이 되고 싶다'와 같은 어미가 붙는다. 이는 정체성과 관련이 있다. 그리고 '가능하면'이라는 부드럽고 관대한 부사가 함께한다. 당위가 정체성이나 가치관의 탈을 뒤집어쓰고 있는데, 뭔가 해야 하는데 안 했다는 이유로 자기 비난을 하게 된다면, 그건 부당한 일이다.

> "나는 '가능한' 성실한 사람이 되고 싶다. 그래서 '가능한' 지금 조금이라도 행동할 것이다."

나도 나를 믿고 싶다

이제 나의 목소리에 귀를 기울여보자. 나를 채찍질하는 비난의 목소리 뒤에는 사실 내가 더 나은 존재가 되길 바라는 마음이 가려져 있다. 나는 어떤 모습이 되길 원하고 있는 것인가?

자기 비난형 꾸물거림 속에는 잘하는 사람으로 보이고 싶고, 다른 사람에게 도움이 되고 싶은 마음이 있다. 다만, 이러한 사람들은 과제 앞에서 두려움을 느끼고 겁먹기 때문에 회피 욕구를 강하게 느끼게 된다. 결과적으로 일을 잘해서 성공하고 싶다는 향상 초점(promotion focus)의 방향보다는, 다른 사람에게 민폐가 되면 안 된다거나 실패하기 싫다는 예방(혹은 회피) 초점(prevention focus)의 방향으로 목표가 설정된다.[14]

이런 회피 욕구가 충족되고 나면, 만족스럽기보다 '다행'이라는 생각이 든다. 최악의 상황이 발생하지 않았다는 사실에 안도하는 것이다. 과업을 성공적으로 완수하고 더 성장하는 데서 만족감을 경험하는 게 아니라, 위험을 예방해서 공포와 불편함이 사라졌다는 데 안도감을 얻는 것이다. 실제로 자기 비난을 많이 하는 사람일수록 무엇인가 성취하더라도 크게 기쁨을 느끼지 못한다고 한다.[15] 회피 욕구에 초점이 맞추어져 있기 때문이다. 진정 내가 원하는 것이 이루어지면, 편안하고 만족스러운 상태가 된다. 그렇다면 내가 원하는 것은 무엇이었을까?

'내가 잘 해낼 수 있는 사람이라고 나를 믿을 수 있으면 좋겠다.'

'나도 내가 자랑스러웠으면 좋겠다.'

'나를 있는 그대로 사랑할 수 있으면 좋겠다.'

나는 잘해낼 수 있는 사람이라고 자연스럽게 믿고 있는 내가 된다면 어떨까? 지금 가진 단점도 괜찮다고, 있는 그대로의 자신을 만족스러워하는 사람이 된다면 어떤 기분이겠는가? 회피 욕구 뒤에 가려져 있는 나의 성장 동기(growing edge)를 생각해보라. 그것이 달성되었을 때 찾아올 편안함과 만족감이 바로 우리가 가야 할 궁극적인 목적지다.

4장

"급한 건 알겠는데 지금은 할 기분이 아니라고!"

현실에 대한 저항성

* * *

내가 스스로에 대한 자신감을 잃는 순간
온 세상이 나의 적이 된다.

– 랄프 왈도 에머슨(Ralph Waldo Emerson)

• • •

미뤄봐야 정신 승리에 불과하다

"아 짜증 나! 성질나서 지금은 일할 기분이 아냐."

직장에서 고압적인 상사에 대한 반항의 표현으로 일을 미루는 경우가 있다. 위계가 있는 관계에서 부모나 상사와 같은 권위자의 압박 때문에 억지로 일한다는 생각이 들면, 저항감이 생겨 태업하는 모습을 보인다. 지적을 피하기 위해 겉으로만 하는 척하면서 딴짓을 하고, 정작 핵심적인 부분은 미룬다.

자신이 원해서 맡은 일이 아니니까, 적극적으로 완수할 마음이 생기지 않는다. 외부의 압박에서 오는 부담감만 강하고, 사실 왜 해야 하는지 공감이 안 되니 일할 의욕이 생기지 않는다. 그 대신 꾸물거릴 이유를 찾는다. 저항감이 든 이상 꾸물거릴 이유를 찾는 건 아주 쉽다.

일이 무의미한 이유는 내 일을 마치 남의 일처럼 생각하기 때문이다. '시켜서 하는 일'로 받아들이면 열의를 발휘하기 어려운 게 당연하다. 열심히 해봤자, 남 좋은 일이 되어버리기 때문이다. 이런 이유에서 현실에 대한 저항감이 큰 사람은 자신이 전략적으로 꾸물거리고 있다고 생각한다.

일을 시작했다가 중간에 상사의 입맛이 달라지거나, 갑작스러운 수정 요청이 생겨 두 번 일하는 상황을 피하기 위해 애초부터 미룬다는 것이다. 하지만 꾸물거림의 끝은 늘 '마감 임박'이다. 결국, 처음보다 더 짜증에 찬 상태로 서둘러 일 처리를 해야 하는 상황에 놓이게 된다. 그 스트레스로 저항감이 더 커진다.

저항감이 큰 사람은 자율성을 무엇보다 중요시하는 사람이다. 심리학자 라이언과 데시(Ryan & Deci, 2000)는 자기 결정성 이론(self-determination theory)[1]을 제안하며, 사람은 누구나 '자율성', '유능성', '관계성'이라는 세 가지 기본 심리 욕구를 가졌다고 설명한다. 이 이론은 청소년들의 학습심리부터 직장인들의 조직

심리까지 어떤 일에 대해 개인의 동기가 발현되는 원리를 설명할 때 폭넓게 적용되는 이론이다.

자율성은 자신의 일에 '권한'을 가지고 싶어 하는 욕구이다. 이 권한에는 일차적으로 특정 일을 맡고 싶은지에 대한 '선택의 권한'이 있고, 맡은 일을 내 방식대로 할 수 있는지에 대한 '원칙의 권한'도 포함된다.

많은 일 중에서 내 취향에 가장 잘 맞는 일을 선택해서, 내가 원할 때, 나의 원칙대로 할 수 있다면, 자율성 욕구는 쉽게 충족될 것이다. 하지만 초등학생조차 하기 싫어도 숙제를 해야 한다는 것을 안다. 즉, 자율성 욕구를 100% 충족하는 경우는 상상에서만 존재한다.

유능성은 자신이 속한 집단에서 두각을 나타내고 싶어 하는 욕구로, 잘하고 싶어 하는 마음과 관련된다. 주로 일에 관해서 주변 사람들의 인정이나 칭찬을 필요로 한다. 특정 분야에서 남보다 뛰어나다는 점을 남들이 인정해주면 유능성 욕구가 충족된다. 거기에 이름까지 날릴 수 있다면 금상첨화다.

마지막으로 관계성은 일하는 과정에서 집단에 소속되고, 타인과 연결됨을 느끼고 싶은 욕구이다. 인정받거나 높은 지위에 올라가는 것처럼 뭔가 얻으려고 하는 것이 아니라, 관계의 안정성을 느끼는 것이다. 직장 동료를 친구는 아니라도 일할 때만큼은 믿을 수 있다고 여기고, 직장 동료와 함께 어려움을 극복하면서 동지애를 느끼는 경우를 예로 들 수 있다.

심리학자들은 이 세 가지 욕구가 동시에 충족될 때, 일에 대한 동기를 발휘하기 가장 이상적이라고 말한다. 하지만 쉽게 예상할 수 있듯, 삼박자가 맞아떨어지는 일은 아주 드물다.[2] 희망적인 소식은 개인의 성격과 가치관에 따라서 세 가지 욕구 중 일부만 충족되어도 동기 발휘가 가능하다는 점이다. 가령 "그 일은 싫지만, 같이 일하는 사람들이 좋아서 버틸 수 있다"고 말한다면, 당신은 관계성 욕구가 강한 사람이다.

이 장의 주인공인 저항감이 커서 꾸물거리는 사람은 자율성 욕구가 최우선일 가능성이 크다. 자신의 권한과 원칙이 침해되었다고 느끼면, 일을 추진할 동기가 사라진다. 이 경우 꾸물거림은 역설적이게도 박탈된 자율성을 회복하기 위한 시도로 볼 수 있다. 일이 주어진 상황도, 진행 방식도 마음에 들지 않으니 자율성 욕구의 충족과는 거리가 멀지만, 적어도 미루는 건 내 결정이기 때문이다.

이때 잠시나마 주도권을 쥔 듯한 느낌을 받는다.[3] 일하는 척하면서 업무 모니터 한편에 SNS 창을 작게 띄워놓고 딴짓을 할 때, 권위적으로 업무를 지시하는 상사에게 복수하는 듯한 작은 만족감을 느끼는 것이다. '네가 시킨 일 사실 안 하고 있지롱!' 속으로 생각하며 반항심을 표현한다.

문제는 꾸물거림으로써 획득한 주도권은 찰나에 불과하다는 데 있다. 물론 저항감으로 태업을 하는 이 상황이 나도 마음에 드는 건 아니다. 그럼 정작 내가 원하는 것은 무엇인가? 저항감에서 한 걸음 떨어져 다시 계산이 필요한 시점이다.

남 좋은 일을 하고 싶지 않아서 미뤘지만, 결국 마감이 임박해서 허둥지둥해야 한다면 더 억울하다. 그렇다고 팀원들과 잘 맞지 않는데, 스트레스가 심한 일을 무조건 참고 해야 한다는 것은 아니다. 자신의 기여도를 인정받지 못해도 무조건 열심히 해야 한다는 억지스러운 이야기는 더더욱 아니다. 다만 현실에 저항하는 의미로 꾸물거리고 있다면, 이게 나에게 이로운 선택인지, 혹시 손해를 보고 있는 건 아닌지 한번 따져보자.

뜨거운 인지와 냉철한 내면의 감독관

“어차피 네가 할 일인데 왜 미뤄?” 이런 질문을 누군가가 한다면, 저항감이 큰 사람은 짜증이 솟구칠 것이다. “나도 알아! 근데 지금은 하기 싫다고!”라는 답변이 튀어나오는 게 자연스럽다. 불만족스러운 현실에 대한 저항의 표현으로 꾸물거리고 있다면, ‘뜨거운 인지(hot cognition)’ 상태다. 뜨거운 인지는 감정이 사고 과정을 지배하는 상태를 말한다.[4]

이는 과거의 경험과 현실적인 정보를 이용해 이성적인 판단이 가능한 ‘차가운 인지(cool cognition)’와는 반대된다. 차가운 인지 상태에서는 집중과 학습이 잘되는 반면, 감정이 앞서는 뜨거운 인지 상태는 편향을 일으켜서 감정에 치우친 생각들이 지배한다. 저항감과 짜증, 분노 감정에 지배되었을 때는, ‘뭐 어쩌라고?’라는 반응이 전형적이다. 당연히 냉철한 생각이 어렵다. 뜨거운 인지 반응은 뇌의 변연계(limbic system)의 활성화와 관련된다.[5] 이는 저항감에 의한 꾸물거림이 단순히 예민한 성격 탓이 아니라, 뜨거운 인지 상태에서 판단에 어려움을 겪는 현상이라는 것을 보여준다.

다행스러운 점은 뜨거운 인지 상태가 마냥 지속되지는 않는다는 것이다. 비록 심각하게 우울한 사람은 주로 뜨거운 인지로 생각한다는 연구 결과가 보고되기도 하지만,[5] 일반적인 경우에는 강렬한 감정에 휩싸여도 시간이 지나면 점차 이성적으로 돌아온다. 바로 이때가 미루기로 했던 결정을 다시 생각해볼 기회다. 박탈된 자율성에 대한 보복으로 꾸물거리는 것이 나에게 이로운 것이 맞는가?

차가운 인지 상태에서는 꾸물거림의 이득과 손실을 따져보기가 수월하다. 이때 주의해야 할 점 두 가지가 있는데, 첫 번째는 '부당함에 대한 집착'이다. 현재 상황이 부당해서 몹시 억울하다는 감정은 다시 뜨거운 인지 상태에 빠지게 한다. 다른 사람이 억지로 시켜서 일하기가 내키지 않고, 불만을 가지는 것은 자연스럽다. 하지만 부당함을 곱씹으면 이득과 손실을 냉철히 따져보기가 어렵다. 부당함보다 내가 얻는 것과 잃는 것이 무엇인지에 집중하는 것이 꾸물거림을 해결하는 데 유용하다.[6]

두 번째 주의 사항은 '내면의 감독관'의 목소리다. 현실에 저항하는 마음으로 꾸물거리려 할 때 내면의 감독관은 채찍질을 하며 등장한다.

저항감이 큰 사람이 '짜증 나서 하기 싫어'라고 생각하는 순간,

그 생각의 반대편에서 '그래도 해야 하잖아?'라고 차갑게 반문하는 감독관이 고개를 내민다. 한 사람 안에 이처럼 반대되는 두 목소리가 공존하다니 아이러니하지만, 모두의 내면에 감독관이 있다. 저항감으로 꾸물거리는 사람도 자신의 미루는 습관을 부끄럽게 여기곤 한다. 애초에 권위에 반항하기 위해 전략적으로 미루는 것이라면, 왜 꾸물거린 뒤 잘못되었다고 느끼고 후회하는 것일까?

내면의 감독관

정신역동학의 창시자 지그문트 프로이트(Sigmund Freud)는 사람의 정신을 자아, 초자아, 원초아로 설명했다. 자아는 보통 때 의식할 수 있는 정신 상태다. 원초아는 깊은 무의식을 반영하는데, 이 원초아가 거침없이 욕구를 좇는 반항아의 모습일 때, 현실에 저항해서 할 일을 미루는 사람과 닮았다. 한편 초자아는 원리원칙과 책임을 강조한다.

정신적으로 안정된 상황에서는 주로 자아 상태가 활성화된다. 하지만 콤플렉스가 자극되거나 스트레스 사건이 생기면, 무의식 차원에 숨겨두었던 원초아가 순간적으로 튀어나와 1차원적인 욕구를 충족하려 한다. 평소에는 온순하던 사람이 갑자기 크게 화를 내거나, 어른스럽지 않게 떼를 쓰는 모습을 보인다. 술에 만취하면 자아의 힘이 약해져 원초아대로 행동하는 모습을 보이기도 한다.

원초아는 마치 어린아이 같다. 원초아가 튀어나오려고 할 때, 불안을 감지하고 등장하는 것이 초자아다. 원초아의 욕구대로 행동하면 사회적인 처벌이 따르기 때문에, 사고를 일으키는 아이를 훈육하는 권위적인 감독관이 출동하는 것이다.

상황이 마음에 안 든다고 해서 때에 맞지 않게 아이처럼 짜증을 부리거나 떼를 쓰면, 조직에서 배척당하거나 중책에 어울리지 않는 미성숙한 사람이라고 낙인찍힐 위험이 있다. 그래서 저항감이 들면 누구나 자리를 박차고 나가고 싶은 충동을 느끼지만, 원칙주의 초자아가 돌발적인 행동에 브레이크를 건다. 욕구를 좇는 원초아와 원리원칙으로 기강을 잡는 초자아가 힘겨루기 끝에 어떤 결론이 나서 소강 상태가 되면 다시 자아 상태로 돌아올 수 있다.

꾸물거리는 사람이 저항의 표현으로 '에라 모르겠다' 싶은 생각을 하면, '그래도 해야지!'라고 질책하는 내면의 감독관은 초자아가 파견한 사자다. 감독관은 제멋대로인 원초아가 무의식의 뒤편으로 사라지지 않는 한, 목소리를 낮추지 않는다. 서로 한 수 물러야 힘겨루기가 끝나기 때문이다.

그럼 어떻게 되면 좋겠어?

저항하는 원초아의 불평과 감독관의 차가운 질책이 팽팽하게 대립하면 스트레스 상태가 지속된다. 정신역동학자들은 원초아와 초자아의 대립 때문에 심리적인 문제가 원인 미상의 두통, 복통 등의 신체 증상으로 나타나는, '신체화(somatization) 증상'이 생긴다고 보았다.[7] 시험 날에 복통이 생기거나 관계의 갈등을 해결해야 할 때 갑자기 머리가 아프다며 대화를 피하는 경우가 이에 해당한다.

원초아와 초자아라는 감독관이 대립을 끝내고, 자아 상태로 돌아와 차가운 인지로 꾸물거림의 손익을 판단하기 위해서는, 먼저 원초아의 목소리를 낮춰야 한다. 아이가 격렬하게 떼를 쓸수록 부모는 더 강하게 훈육할 수밖에 없기 때문이다.

기억할 점은 원초아와 초자아 둘 다 기능이 있다는 것이다. 원초아는 욕구에 충실하기 때문에 원하는 것을 쟁취하도록 강하게 드라이브를 건다. 반면에 초자아는 원초아가 과해져서 문제를 일으키지 않도록 사회의 규칙과 규범을 준수하게끔 다스리는 기능이 있다. 성질이 다른 두 상태가 적당한 균형을 이루게 하는 것이 핵심이다.

원초아가 목소리를 낮추면 감독관도 한 수 접게 된다. 어린애 같은 원초아의 불만에 찬 목소리를 낮추기 위해서는 살살 달래주어야 하는데, 같은 현실에 대해 약간 각도를 틀면 도움이 된다. "일할 기분이 아니구나. 그럼 어떻게 되면 좋겠어?"라고 다른 각도에서 질문을 던지는 것이다.

'다 때려치우고 여행을 가고 싶다.' '복권에 당첨됐으면 좋겠다.' '금수저로 다시 태어나고 싶다.' 그렇게 여전히 저항감에 차 있는 한바탕의 투정이 끝나면, 진정으로 어떤 변화를 원하는지 생각할 기회가 생긴다. 감독관이 질책할 때는 이런 기회를 가지기 어렵다. 떼쓰는 아이의 투정을 들어주고 진정되어 감독관이 물러나면, 자아 상태로 돌아와 차가운 인지로 가정해본다. '현실이 싫다'는 말에는 무언가 변화를 바란다는 의미가 내포되어 있기 때문이다.

'더 많은 선택지가 있었으면 좋겠어.'

'그 상사와 대화할 때 당당하고 싶어.'

'일하면서 성장하는 기분을 느끼고 싶어.'

'같이 일하는 사람들로부터 존중받고 싶어.'

'내 공로를 인정받고, 내가 기여한 바를 보호받고 싶어.'

현실에 저항해서 꾸물거리는 사람이 진정으로 원하는 것은 '미루기' 그 자체가 아니다. 할 일을 안 하는 방법으로 자율성 욕구를 만족시키는 것도 아니다. 진짜 바라는 것은 자기 결정성의 회복이다. 부정적인 감정이 너무 강할 때는 그저 하기 싫다는 아우성에 가려져 있지만, 시간을 들여 살펴보면 자신이 원하는 변화의 방향과 목표가 드러난다. 무얼 원하는지 알아야 꾸물거림이 목표 달성에 도움이 되는지 손익 계산을 해볼 수 있다.

반항적인 꾸물거림의 이득과 손실

마음에 안 드는 현실에 대한 저항의 표현으로 꾸물거리면, 일을 미룰 때 약간의 통쾌함을 느낄 수 있다. 팀원이 마음에 안 들 때, 미루면서 슬렁슬렁 일의 진행 사항만 파악하고 있다가, 가능한 나중에 거들기 시작해서 기여도를 최소로 맞추기도 한다. 어차피 열심히 해서 좋은 성과를 내봤자, 공로를 나눠 갖는 것도 싫고, 어쩐지 남 좋은 일을 시키는 것 같기 때문이다.

반항적인 꾸물거림은 일종의 소심한 시위이자 부모, 상사 등 권위자에 대한 도전의 표현이다. 고압적인 상사의 메시지에는 은근히 늦게 답한다거나, 재촉하지 않는 한 마감 기한까지 버티고 대충 일하는 방식으로 자신의 자율성에 대한 통제에 저항한다. 일시적이지만, 약간의 힘과 통쾌함을 느낄 수 있다.

심리학에서는 이런 경향이 짙을 때 수동공격적(passive-aggressive)인 성격 특징이 있다고 표현한다. 이는 능동공격형과는 반대인데, 적대감을 대놓고 표현하지 않고 눈에 안 띄는 교묘한 방법으로 드러내는 성격을 말한다. 예를 들어 친구에게 감정이 상했을 때, 수동공격적인 사람은 얼마 뒤 그 친구가 특정 일에 꼭 필요하다고 부탁하면, 마치 들어줄 것처럼 하면서 시간이 다 갈 때까지 확답을 미루고, 지금은 바쁘다며 연락을 피하는 방식으로 적대감을 해소한다.

이러한 수동공격적인 방식이 은밀한 보복에 성공함으로써 기분이 풀리는 이점은 있지만, 예상할 수 있듯 장기적으로는 관계를 망치는 길이 될 수도 있다. 수동공격적인 사람이 친구에게 진짜 바란 것은 자신의 마음을 상하게 한 것에 대한 사과였지만, 교묘하게 복수함으로써 잠시 통쾌했을지언정 친구 관계가 와해된다면, 승자 없는 싸움에 불과하기 때문이다.

왜 소심한 시위를 하는 걸까? 이를 연구한 결과, 이들은 주로 매우 권위적인 부모 밑에서 성장했거나, 어린 시절에 엄격한 기숙학교 생활, 가혹 행위가 있는 운동부 활동 등을 경험한 경우가 많았다.[8] 자신의 의견을 자유롭게 개진하기 어렵고, 불만 표현이 용인되지 않는 환경에서 성장하면서, 직접적으로 적대감을 표현하면 권위자로부터 처벌받기 때문에, 교묘한 방법들을 고안하기 시작한 것이다.

수동공격적 성격과는 정도가 다르지만, 저항하기 위해 꾸물거리는 사람도 크게 다르지 않다. '선생님에게 부당하게 혼났다고 해서 대들었다가, 부모님에게 불편한 연락이 가면?' '고압적으로 지적질하는 상사에게 막말을 되돌려줬다가, 인사고과에 불이익을 받고 조직에서 배척당하면?' 이같이 현실적인 두려움 때문에 저항감을 직접 표현하기는 어려운 것이다.

그러나 수동공격적 대응에는 폐해가 있다. 수동공격적으로 저항하면서 꾸물거리면, 관계에 손상이 간다. 한 대기업 설문조사 결과,[9] 직장인 27%는 꾸물거림을 직장에서 퇴치해야 할 악습관으로 꼽았다. 한마디로 소심한 시위가 길어질수록 함께 일하는 사람들과 마찰을 빚게 된다는 것이다. 처음 시위의 대상은 고압적인 상사였지만, 일을 미루다 보면 연쇄적으로 팀원, 부사수와도 갈등이 생길 수 있다. 직장 내 관계에 문제가 생기면, 직장생활에 필요한 사회적인 지지 자원이 약해진다.

그러다 보면 집단 안에서 내 편이 적어지고 기분 상할 일도 늘어난다. 일할 기분이 아니어서 미루는 것이 반복되다 습관이 된다. 꾸물거림이 습관이 된 대학생들은 사회 초년생이 되었을 때 업무적으로 소진되고 조직 적응에 어려움을 겪을 가능성이 크다.[10]

더 안타까운 점은 저항감으로 꾸물거릴 때, 잠깐의 통쾌함은 있지만 할 일을 미루는 동안 마냥 마음이 편치만은 않다는 것이다. 심리학자 솔로몬과 로스블럼(Solomon & Rothblum, 1984)[11]은 꾸물거림을 "주관적인 불편감을 경험하는 순간까지 과제를 불필요하게 미루는 행동"이라고 정의했다.

즉, 미운 상사에게 득 되는 게 싫어서 맡겨진 일을 미루고 몰래 SNS를 할 때, 일부러 화장실에 오래 머물 때, 이럴 때는 깔끔하게 일을 마치고 쉴 때와 같은 그런 여유를 즐길 수는 없다는 것이다. 사실 아직 해놓은 일이 없다는 것을 들킬까 봐 불안하고, 마감 기한이 다가오고 있다는 압박감을 느낀다. 이것은 개인의 에너지 차원에서 손실이다. 심리적인 불편감이 커질수록 신체화 증상, 두통이나 복통, 불면증 같은 어려움이 따라오며, 컨디션이 나빠지고, 결론적으로 더 피로해지기 때문이다.

습관에 의한 누적 효과도 무시할 수 없다. 미국, 영국, 튀르키예, 베네수엘라 등 다양한 나라의 직장인들을 조사해보니, 전체의 25%가 습관적인 꾸물거림 때문에 경제적 손실이 있다고 답했다.[12]

싫어하는 상사나 동료가 보기 싫어서 출근 준비를 미루다가 생각지 않은 택시비를 지출하고, 그래도 끝끝내 미루다 자료 준비가 늦어져 회의에 지각하는 바람에 사내 내규로 정한 벌금을 지출하는가 하면, 때로는 교수자가 마음에 들지 않아 중요한 과제를 미루다 미완성 상태로 제출, 급기야 한 학기를 재수강하는 수모와 뜬금없는 계절학기 등록금을 지출하는 일까지, 꾸물거림은 여러 번잡스러운 경제적 손실을 가져오게 한 것이다.

감정에 치우친 원초아와 내면의 감독관 사이의 대립을 끝내면, 불필요한 지출도 막을 수 있었을 것이다. 자신이 진짜로 원하는 목표에 맞게 행동하면, 불필요한 에너지 소모를 줄이고, 효율적으로 에너지를 쓸 수 있다.

반항적 꾸물거림의 기회비용

자율적으로 목표 추구하기

저항감이 큰 사람에게는 자율성 욕구 충족이 가장 중요하다는 것을 알았다. 이 욕구를 원초아와 초자아 감독관의 마찰 없이 충족시키려면 어떻게 해야 할까? 차가운 인지 상태로 떠올린 자기 자신의 목표를 상기해본다. 꾸물거림 자체는 목표가 아니라, 권위에 교묘하게 반항하기 위한 수단이다. 진짜 목표를 달성할 때 비로소 욕구를 충족할 수 있다.

자율성 욕구를 충족하기 위해서는 자신의 권한과 원칙을 회복해야 한다. 이제껏 감정에 치우쳐 뜨거운 인지 상태로, 자신의 권한을 꾸물거리기로 선택하는 데 사용했을 것이다. 그것도 하나의 선택이었다. 너무 싫어서 견딜 수 없다면, 아예 안 하는 것을 선택할 수도 있다. 하지만 그만두는 선택이 목표를 실현해주지는 않는다. 자신의 권한을 발휘해 어떤 다른 선택을 할 수 있을까?

그 대안으로, 차가운 인지로 내가 처한 현실적인 조건과 선택 범위를 따져볼 수 있다. 일이 맡겨진 상황도, 관련된 사람도 마음에 들지 않는다. 저항감이 생기지만, 단지 시위하기 위해 일을 미루는 건 내 목표에 어긋난다. 그렇다면 지금 상황에서 현실적으로 내가 통제할 수 있는 것은 무엇인가?

다소 내키지 않는 잔업을 해야 하는 상황이지만, 적어도 어디에서 잔업할지 선택할 수 있다. 그 프로젝트는 내 관심 분야가 아니어서 마음이 잘 가지 않지만, 대신 팀원을 선택할 수 있는 권한이 있다. 남들이 기피하는 업무를 맡게 되었지만, 담당자가 나뿐이기 때문에 업무 범위를 정하는 건 내 권한이다.

'싫다, 싫어'라는 부정적인 감정에만 집중하면, 마치 검은 물감을 푼 것처럼 혼탁해져서, 내 할 일에 대해 생각하기도 싫어지고 꾸물거리게 된다. 반면에 내가 선택할 수 있는 것, 내가 개입할 수 있는 부분, 내가 정할 수 있는 것들을 발견하면, 기분이 좀 더 나아지고, 숨통이 트인다. 조금 나아가면 희망적이기까지 하다. 시각의 전환이란 늘 놀라운 결과를 가져다준다.

쇼핑몰에 들어선 순간을 떠올려보자. 화려한 조명, 기분 좋은 음악 소리와 향기까지, 쇼핑몰이 판매 상품 이상으로 환경 조성에 공을 들이는 이유는 고객이 기분이 좋아지면, 실제 상품 구매 가능성이 커지기 때문이다.[13,14] 순간적인 기분과 감정은 결정에 지대한 영향을 미친다. 쇼핑할 때 기분이 좋으면 물건을 구매하게 되고, 여행지에서 기분이 좋으면 기념품 구매로 이어지는 것처럼 말이다.

반면에 어떤 이유로든 부정 정서가 촉발되면, 그러한 감정을 불러일으킨 장소나 대상으로부터 도망치려는 본능적인 욕구를 느끼게 된다. 이럴 때 사람들은 부정 정서를 일으킨 특정한 자극뿐만 아니라, 그것과 연계된 결과까지 부정적일 거라고 추측하는 경향이 있다.[15] 억지로 맡게 된 일이니까, 기껏 해봤자 좋은 소리를 못 들을 것 같다는 식이다.

가만 보면 꾸물거리는 사람이 맡은 일 자체는 그리 혐오적이지 않은데도, 그 일을 요청한 사람이나 정황에 화가 나서 미루는 경우가 많다. 일의 결과도 부정적으로 바라보고, 어차피 자신의 커리어에 도움이 되지 않을 거라고 속단하거나 성과를 축소 평가한다.

그래서 '좋은 부분 발견하기'가 도움이 된다. 맡은 일에 좋은 감정을 가지려면 권한을 되찾아야 한다. 내 목표를 떠올리고, 그 목표에 맞게 가용한 선택지들을 어떻게 활용할지 결정할 수 있다.

예를 들어, '그 상사와 대화할 때 당당하고 싶다'가 목표라고 하자. 그런데 회사 분위기가 상명하달식으로 수직적이고 때로 상사가 다소 사적인 일을 요청할 때가 있다. 공식적인 업무 지시는 아니지만, 워낙 직급 차이가 크다. 그리고 그 상사는 부하직원들에 대한 호불호가 강해서 혹시 눈 밖에 나면 꽤 곤란해진다. 그래서 시킨 일을 단칼에 거절하기는 어렵다.

'공식 업무도 아닌 일로 내 시간을 빼앗으면서 이렇게 권위적으로 굴다니!' 저항감이 들지만, 다시 나의 목표에 집중한다. 영 마음에 드는 상황은 아니지만, 상사의 사적인 요청이고, 업무처럼 엄격한 마감 기한이 있는 일도 아니니 요령을 발휘할 수 있을 것이다.

> "부장님, 알겠습니다. 수요일까지는 중요한 기획서 마무리를 해야 해서, 목요일 점심시간에 도움을 드려도 되겠습니까?"

꾸물거리는 이유를 분석해보면 과제의 혐오도는 생각 외로 영향이 크지 않다.[16] 일 자체가 어렵고 힘들어서 꾸물거리는 건 아니라는 것이다. 일 자체보다는 일이 주어진 상황을 어떻게 경험하느냐에 따라 미룰지 말지가 좌우된다.

마음에 안 드는 상사의 사적인 일을 돕게 되었지만, 적어도 자신이 그 시기를 정한 것, 먼저 처리해야 할 공적 업무가 있다는 것을 알림으로써 '당당해지기'라는 나의 목표에 더 가까워졌다. 저녁보다는 점심시간을 택해, 오후 업무 시작 전까지로 시간을 제한한 것도 좋은 방편이었다. 감정을 곱씹으면서 꾸물거릴 때는 부당한 지시를 받았다는 억울함이 커지지만, 이처럼 경계 표명을 해보면 최소한 할 말은 했다는 통제감을 느낄 수 있다.

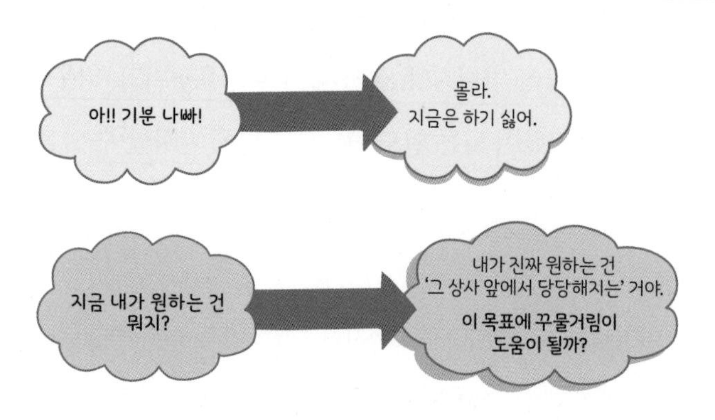

통제감 회복을 위한 생각 바꾸기

이처럼 적절하고도 현명하게 자율적인 목표를 추구하면, 저항하기 위해 꾸물거리지 않아서 마감 기한에 쫓길 일도 줄어든다. 오랜 시간 우울증을 연구해온 심리학자들은 좀처럼 호전이 되지 않는 만성적인 우울증에 대해 부정적인 감정과 생각이 꼬리를 문 결과라고 말하곤 한다.[17]

감정은 즉각적인 반응이기 때문에 가장 먼저 일어나고, 부정적인 감정 상태에서는 현명한 판단을 내리기 어렵다. 감정에 치우친 생각과 판단, 가령 저항감에 의한 꾸물거림은 그 상태를 지속

할수록 부정적인 감정에 더 깊고 오래 머물게 만든다. 짜증, 수치심, 억울함 등 더 많은 불순물이 생겨난다. 권위에 굴복당하고 싶지 않다고 해서 그 대신 괴로운 감정을 더 오래 느끼고 싶은 사람은 없을 것이다. 꾸물거리는 사람이 진짜 원하는 것은 할 수 있는 한 자신의 권한과 원칙을 보호하고 자유를 되찾는 것이다.

풍선의 바람 빼기

자율적으로 목표를 추구하는 데 도움이 되는 행동을 선택하기 위해서는 먼저 치밀어 오른 저항감을 조절해야 한다. 대부분의 심리적인 문제는 보통 정서 조절이 핵심적이다. 가정이나 조직에서 조화롭게 순응하는 것을 바람직하게 여기는 한국 문화에서는 부정 정서를 곧잘 억압하게 된다.

억압된 정서는 반드시 예상치 못한 곳에서 문제를 일으킨다.[18] 직장생활에서 평소 소심하고 순종적이었던 사람이 어느 날 불같이 화를 내고 돌연 퇴사한다든가, 모범생 자녀가 갑자기 부모와 소통을 차단하는 일이 적지 않다. 부정 정서를 표현해봤자 받아들여지지 않을 것 같아서 속으로 꾹 누르지만, 한계에 다 다르면 터져 나오기 마련이다. 마치 위태롭게 부풀어 오른 풍선 같다.

풍선을 터뜨리지 않으려면, 새로운 압력이 발생할 때마다 주둥이를 열고, 공기를 조금씩 빼주어야 한다. 갑자기 공기를 전부 빼면 풍선은 '피융' 하고 날아가 버릴 것이다. 분노를 폭발적으로 표출하면 감정 조절이 안 되는 사람으로 낙인이 찍히는 사회적 처벌이 뒤따른다. 그러므로 완급 조절이 중요하다. 정서 조절을 연구한 그랫츠와 로머(Gratz & Roemer, 2004)[19]에 의하면, 행복감은 우리가 일상적으로 느끼는 감정의 종류(긍정적이거나 부정적), 강도, 빈도, 그리고 지속 시간이 총체적으로 영향을 준 결과라고 한다.

환희에 가까운 긍정 정서를 자주, 오래 느낄 수 있다면 물론 행복하겠지만, 복권 1등에 매일 새로 당첨되지 않는 한 불가능하다. 그렇기 때문에 은은하게 행복한 상태를 유지하려면 가능한 한 자주 긍정 정서를 느끼면서 동시에 부정 정서를 줄여야 한다. 그런데 저항감으로 꾸물거리면 부정 정서 상태에 계속 머물게 된다.

부정 정서를 조절하는 방법은 세 단계로, 아주 간단하다. 알아차리고, 인정해주고, 전환하는 것이다.[20] 첫 단계는 꾸물거림을 선택하게 만드는 저항감을 '알아차리는 것(aware)'이다. 생각보다 많은 사람이 자신이 내적으로 어떤 감정을 느끼는지 모르는 채로 섣부른 결정을 내리곤 한다. 알아차림이 잘되지 않는 이들은 다양한 부정 정서를 단순히 짜증 또는 신체적인 피로로 일축하곤 한다. "컨디션이 안 좋아서 일을 못 하겠다"고 말하는 식이다.

이 책의 초반부터 강조했듯 꾸물거림의 감정적인 뿌리는 불안인데, 불안의 기저에 있는 다른 감정들(예: 부당한 권위에 대한 분노, 질투심, 억울함, 얄미움)을 알아차릴 필요가 있다. 그러면 뜨거운 인지에 빠지지 않고, 차가운 인지로 현명한 선택이 필요한 상황에 놓여 있다는 것을 간파할 수 있게 된다.

알아차림 후, 두 번째 단계는 '자기 감정을 인정하는 것(accept)'이다. 같은 개념을 심리치료 접근에 따라서 수용 또는 허용으로 부르는데 억압이나 회피와 반대된다. 분노에 떨고 있는 자신의 모습을 지금 있는 그대로 '있을 수 있는 일'로 수용하고, 이렇게 예민하게 굴어서는 안 된다는 등 가치 판단은 하지 않는다. 부정 정서에 휩쓸려가는 대신 인정하고 흘려보냄으로써 뜨거운 인지 상태에서 탈출할 수 있다.

마지막 단계가 바로 '전환하기'이다. 첫 단계에서 내 기분을 신호로 지금 무엇인가 개입이 필요한 상황이라는 것을 알아냈다. 두 번째 단계에서 '이렇게 느낄 만하다'라고 인정하고 기분을 달래주었다. 그렇다면 이제 마지막으로 목표에 맞는 행동을 해서 기분을 전환하면 된다. 이 단계를 심리학 용어로 '전념(commitment)'이라 부르는데, 이 장에서 말하는 자율적인 목표 추구를 의미한다. 앞선 예시처럼, 목표는 화풀이가 아니라 '당당해지기'였다. 당당해지기에 맞게 행동하면 기분이 전환되고, 나에게도 영향력이 있다는 점을 확인하면서 자신감이 생긴다.

자율적으로 목표를 추구하기 위해서는 1단계 알아차리기와 2단계 인정하기가 필수다. 목표를 달성하기 위해 무엇을 어떻게 해야 하는가? 3단계 전환하기에 필요한 정보 제공 자체는 어렵지 않다. 목표 달성에 가장 효과적인 전략과 기술을 찾는 것 역시 상대적으로 어렵지 않다.

진로 상담을 예로 들어보자. 학생이 자신의 흥미와 적성, 가치에 대해 이미 잘 알고 있다면, 그에 맞는 도움 혹은 도움을 얻을 방법을 비교적 쉽게 찾을 수 있다. 하지만 자신이 무엇을 좋아하고, 무엇을 잘하는지조차 모르는 학생이라면 어떠한가? 뭔가 원하는 게 있지만, 알지는 못하는 상태로 괜찮아 보이는 직업이라서, 부모님이 원하는 직장이니까, 그것을 목표로 노력하면 일이 잘 풀릴까? 이유를 알 수 없는 저항감과 꾸물거림에서 벗어나기 어려울 것이다. 따라서 알아차림과 인정하기에서 고전하더라도, 이 단계를 통과할 수 있다면 부정적인 감정 상태를 해소하고 목표에 맞는 판단을 내릴 수 있을 것이다.

나는 슬플 때 글을 써

알아차림과 인정하기를 한 번에 잡는 효과적인 방법이 있다. 바로 '글쓰기'이다. 화나게 한 당사자에게 보여주거나 SNS에 올려 위로받기 위한 것이 아닌, 가장 안전한 속풀이 방법이다. 가끔 사람들은 글을 쓰면서 감정을 곱씹다 보면 기분이 더 나빠지지 않을까 하는 걱정을 하며 글쓰기 효과를 오해하기도 한다. 하지만 연구 결과는 완전히 반대다.

치료적인 글쓰기의 기원은 1940년대 초반으로 거슬러 올라간다. 이를 독서요법(bibliotherapy)[21]이라고 하는데, 상담자는 내담자의 호소 문제를 해결하는 데 도움이 되는 독서 자료를 제공하고, 내담자는 자료를 읽고 자신만의 의견을 적거나 예술적으로 표현하는 방식이다. 독서요법은 '나를 이해하는 100문 100답'

같은 자기 이해 워크북 서적의 형태로 대중화되기도 했다.

또, 읽기 자료 없이 '감정 일기 쓰기'만으로도 우울, 불안 같은 부정 정서가 효과적으로 감소한다.[22] 감정 일기는 다양한 방식으로 쓸 수 있다. 가장 간단한 방식은 하루 중 가장 강렬했던 감정에 대해 이런 감정을 불러일으킨 구체적인 사건, 그에 대해 했던 생각, 감정, 그리고 결과적인 행동을 '객관적으로' 그리고 '솔직하게' 적어보는 것이다.

심리적인 어려움을 경험하고 있는 만큼 일기의 내용은 대체로 부정적이지만, 자신의 부정 정서가 주로 어떤 사건이나 자극에 의해 촉발되는지 알 수 있게 될 뿐 아니라, 단지 글쓰기를 하는 것만으로도 마음의 고통이 일부 해소되는 놀라운 효과가 있다.

짜증이 나고 저항감이 치솟아서 일을 미룬 날에는, 자기 내면에서 느끼고 생각하는 그대로를 글로 쏟아내볼 수 있다. 두서가 없어도 좋다. '이렇게까지 나쁘게 적어도 되나?' 싶은 생각은 무시해도 된다. 열 받게 한 당사자에게 직접 하는 말은 아니기에, 불이익을 받거나 보복당할 걱정도 없다.

글쓰기를 할 때는 저항감이 들게 된 정황과 자신의 감정, 현재 생각을 가능한 구체적이고 객관적으로 표현하는 것이 좋다. 과장할 필요도, 좋게 꾸밀 필요도 없다. 되도록 30분 이상 충분한 여유를 가지고, 있는 그대로를 글로 표현하는 것이다. 마음속으로만 경험하던 것을 언어화하여 적어나가면, 부정 정서로 빵빵하게 부풀었던 풍선의 바람이 조금씩 빠지고 굳었던 어깨가 느슨해지는 것을 느낄 수 있다.

한바탕 속풀이를 마치고 쓴 글을 다시 읽어보면 새롭게 보이는 것이 있다. 권위적인 상사의 사적인 요청을 받고 너무나 화가 났지만, 떨리는 목소리를 가까스로 숨기고 승낙했던 그때를 전지적 작가의 시점으로 다시 보는 것이다. 상사 앞에서 당당해지기를 바라는 사람은 '아, 확 들이받을 수는 없어도 요즘 공식 업무로 바쁘다고 한번 표현해볼걸' 하는 생각이 들 수 있다. 이것은 자율적인 목표 추구에 부합하는 아이디어다.

마음속에 부정적인 감정이 가득 찬 채로 끙끙 앓고 있으면, 새로운 생각을 하기 어렵다. 괴로운 감정에만 치중하기 때문이다. 하지만 글쓰기를 통해 안전하게 부정 정서를 한번 털어내면 의외의 돌파구를 발견할 수 있다. 가령 동료의 능력 부족으로 내가 더 많은 일을 맡게 된 건 사실이지만, 새로운 리더가 지켜보고 있는 상황에서 이 위기를 나의 유능함을 알릴 기회로 삼기를 선택할 수 있다. 내가 추구하는 목표는 당장 남들보다 일을 덜 하는 것이 아니라, 조직에서 인정받는 것이니까. 목표 달성에 도움이 되는 판단이 가능하다.

이렇게 자율적인 목표에 부합하는 아이디어들이 생겨나면, 자연스럽게 저항감이 줄어든 것을 발견하게 될 것이다. 반항으로 꾸물거리는 사람에게 제일 싫은 건 '남 좋은 일'이다. 자신의 자율성 욕구가 전혀 채워지지 않은 상황에서, 부당하고 억울하다는 생각에 사로잡히면 일 자체가 고역일 수밖에 없다.

하지만 내 목표를 위해서라면 어떨까? 내 목표를 자율적으로 추구하고, 이에 따라 할 수 있는 것들을 선택하는 것이다. 자율성 욕구를 충족하려면 권한을 가지고, 자신의 원칙을 따라야 한다. 자신의 목표에 따라 움직이면 권한과 원칙의 조건이 충족된다. 스스로 원해서 맡게 된 일은 아니지만, 꾸물거리지 않고 완수함으로써 자신이 소망하는 자기 모습, 주변 사람들에게 바랐던 따뜻한 지지, 인정 등을 얻을 수 있다면 훨씬 일할 맛이 날 것이다.

글쓰기로 저항감을 다스리며 목표에 잘 부합하는 선택을 할 수 있게 되면, 비슷한 일이 다시 생겼을 때 알아차리는 능력이 향상된다. 내가 언제 저항감을 느끼고, 꾸물거리는지 자기 이해 수준이 높아지는 것이다. 알아차림 능력이 신장되면, 감정에 휩쓸려 꾸물거리다가 뒤늦게 서두르게 되는 시행착오를 줄일 수 있고, 정서 조절에 성공해 목표에 맞는 판단을 더 신속하고 현명하게 내릴 수 있다. 상사의 까다로운 성격, 비협조적인 동료, 자원 부족 등 악조건 속에서도 선택지를 발견하는 새로운 아이디어들이 늘어날 것이다. 한마디로 노련미가 생긴다.

불공정한 업무 분배에 화가 나서 일을 미루고 싶을 수 있다. 그러나 내가 진정으로 원하는 게 그 일의 시작을 늦추는 것인가? 아니면 적당한 수준으로 일을 가능한 빨리 마치고, 성취감을 느낄 수 있는 다른 일에 집중하거나, 취미 등 여가 시간을 확보하는 것인가? 내가 원하는 것을 이루는 데 꾸물거림은 그다지 도움이 되지 않는다.

뜨거운 인지 상태를 흘려보내고 초자아 감독관의 목소리를 줄이고, 자신의 목표를 다잡아 전념하는 일련의 과정은 반복 연습이 필요하다. 숙달하기 위해서는 시간이 들지만, 부정 정서가 시키는 대로 행동하지 않고, 반문하는 것만으로도 절반은 성공이다. '내가 진짜 원하는 건 뭐지? 그럼 어떻게 하면 좋을까?' 스스로 질문을 던져보면 답은 이미 나와 있을 것이다.

5장

"진심으로 했는데 엉망이면 어떡하지?"

완벽주의 성향

❋ ❋ ❋

못 가진 것에 대한 욕망으로 가진 것을 망치지 말라.
하지만 지금 가진 것이 한때는 바라기만 했던 것 중
하나였다는 것도 기억하라.

– 에피쿠로스(Epicurus)

• • •

나의 완벽한 토요일

완벽주의자들도 일을 미룰까? 완벽주의적 성향을 지닌 사람들은 이상적인 것을 얻으려고 한다. 그래서 뛰어난 성과를 내기 위해 부단히 노력한다. 예술가, 사업가, 운동선수, 과학자들을 비롯한 많은 완벽주의자가 높은 이상을 실현하기 위해 노력하고, 그 결과 놀라운 성취를 이룬다. 이런 완벽주의자 중에도 꾸물거리는 사람들이 있다. 이들은 왜, 어떻게 일을 미루게 되는 것일까?

취업에 결정적인 인턴십 프로그램 신청을 앞두고 있다. 합격하려면 빈틈없이 완벽한 자기소개서가 필요했다. 나에게는 일주일이라는 시간이 있다. 절실한 만큼 완벽한 계획을 세웠다. 이 계획대로만 하면 시간은 충분하다.

시간은 충분하다고 안심한 것도 잠시, 월요일부터 예상치 못한 일들이 불쑥불쑥 튀어나와서 계획이 틀어진다. 많은 일과 과제를 끝내고 나면, 온몸이 축 처지고 아무것도 하기 싫어진다. 조금이라도 들여다봐야 나중에 또 허겁지겁 준비하지 않을 텐데…. 도저히 몸을 움직일 수가 없다. 일단 오늘은 조금만 쉬고, 내일부터 시작하자!

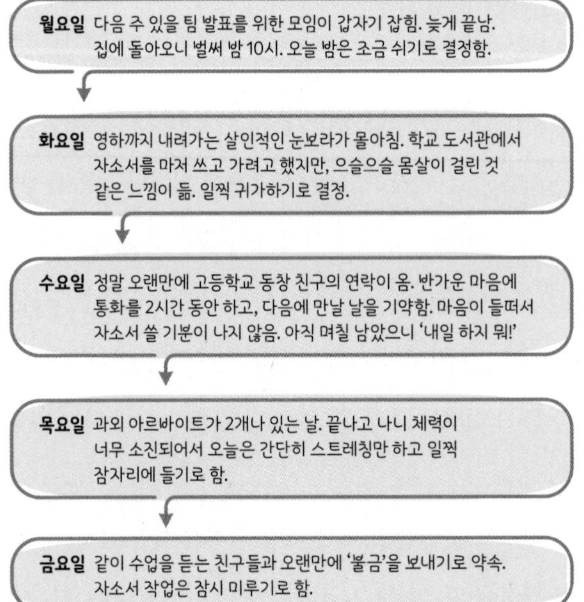

이렇게 일주일이 눈 깜짝할 사이에 흘러가 버렸다. 결국, 나는 완벽한 자소서를 위해 결점 없이 더 완벽한 계획을 세우기로 마음먹었다. 그리고 오늘이 대망의 '완벽한 토요일'이다. 집중하기 위해 스터디 카페를 꼼꼼하게 찾아보고, 마음에 드는 곳을 드디어 골랐다. 추울까 봐 카디건도 챙기고, 가방 한가득 자료도 챙겼다. 혹시 모르니까 여분의 배터리, 충전기도 챙겼다. 집을 나서기 전 든든하게 식사까지 마쳤다. 열일 모드에 커피 수혈이 빠질 수 없다. 커피 한 잔 테이크아웃해서 드디어 독서실에 도착해 조용한 자리를 택했다.

완벽한 자소서를 위한 더할 나위 없이 완벽한 작업 세팅이다. 오늘 할 일을 시간 단위로 촘촘하게 꽉꽉 채워 세웠고, 이대로만 하면 문제없이 완벽하다. 그런데 왜 시작하기도 전에 집중이 안 되는 걸까?

하고 싶은 것도 많고, 해야 할 일도 많다. 다 잘하고 싶고, 어느 것 하나 포기할 수 없다. 시작하려면 무한대의 준비 시간이 필요하고, 완벽한 계획을 세우지만 일은 절대 끝나지 않는다. 고생하는 나를 보면 다른 사람들은 규모를 '줄이라', 기준을 '낮추라'고 말한다. 그렇지만 노력하지 않았다면, 그동안 내가 이룬 것 중 절반도 성취하지 못했을 것이다. 이상적인 목표를 포기하고, 평범하고 현실적인 것만 추구하라는 뜻일까? 그래서는 만족할 수 없을 것이다. 이 완벽한 계획을 수행하기만 하면 다 될 것 같은데, 계획과 실행 사이에 건너기 힘든 꾸물거림의 강이 있다.

무결함이라는 환상

빈틈없이 철저한 완벽주의자는 완벽한 계획을 미루지 않고 반드시 해내고 싶다. 주중에 일하느라 못다 한 일을 오늘은 필히 끝내기로 한다. 이를 위해 15분 단위로 촘촘한 계획 세우기 신공을 펼친다. 이 계획 안에는 모든 것이 포함된다. 물 마시기, 샤워하기, 설거지하기부터 자소서 작성, 토익 공부까지 주제도 난이도도 다양하다. 적다 보면 오늘 하루 계획한 일만 13개나 된다.

이것저것 집안일을 하고 밥 먹고 조금 쉬다 보니, 벌써 해가 지고 저녁이다. 아직 할 일 목록이 6개나 남았다. 게다가 자소서 쓰기, 토익 공부처럼 중요한 일만 남았다. 시간은 없고 마음은 급해진다. 이제 진짜 '업무 태세'로 전환해야 한다. 자소서 준비를 위해 책상에 앉아 일단 합격 후기부터 모두 읽어본다. 데이터가 많이 쌓이면 마치 완전무장해서 전투 태세를 갖춘 군인이 된 것 같다. 전장에 나갈 준비가 됐다.

만반의 준비를 한 덕분에 마음 한편 안심이 되는 것도 같다. 내가 쓸 수 있는 데이터가 많으면 많을수록 완벽한 자소서를 쓸 수 있는 '완벽한' 준비가 되지 않을까? 눈에 불을 켜고 수집 모드로 돌입해서 집중하다 보니, 벌써 밤 10시다. 아직 자소서는 몇 줄 쓰지도 못했는데, 토익 공부 역시 시작하지도 않았는데, 언제 다 하고 자지? 결국, 어제와 똑같이 오늘 끝마치지 못한 일을 내일 할 일 목록에 슬며시 끼워놓는다. 하루 24시간이 너무 짧게만 느껴진다.

자소서를 쓰기 위해 세상에 모든 자료를 모을 필요는 없다. 사실 그렇게 많은 양을 다 모을 수도 없을뿐더러, 이것이 완벽한 자소서를 위해 필연적으로 거쳐야 하는 과정도 아니다. 실전에 돌입하기도 전에 힘은 다 빠져버리고 자꾸만 늘어지게 된다. 그런데 왜 이렇게 준비 과정에 집착하고 걱정하면서 압도되는 걸까? 누가 알아주는 것도 아닌데 말이다.

완벽주의 성향이 높은 경우 사소한 일부터 중요한 일까지 모든 일을 계획에 포함시킨다. 정밀하고 꼼꼼한 계획이다. 목록은 매우 길지만, 하나씩 지워나갈 때의 쾌감은 말로 다 할 수 없다. 아직 지우지 못한 것이 많긴 하지만, 그래도 지워진 목록을 보면, 무언가 해낸 것 같아 마음이 뿌듯하다.

작고 구체적인 계획 세우기는 도움이 되기도 한다. 그런데 이 완벽한 계획에는 문제가 있다. 바로 일의 우선순위가 없다는 것이다. 완벽한 계획에는 일상생활, 일, 대인관계, 여가, 삶의 모든 영역이 일체형으로 전부 담겨 있다. 시간 손실이 0에 수렴해야만 수행 가능한 양인 경우도 많다. 다 잘하고 싶은 마음에 계획을 세우지만, 지키지 못한 날이 많아질수록 몸과 마음이 지쳐간다.

우리가 가진 에너지와 시간은 한정적이다. 계획을 짜는 데도 인지적 에너지가 사용된다.[1] 그래서 사소한 일까지 포함하여 꼼꼼하게 계획을 세우면, 그 자체로 에너지가 소모되기 때문에 정작 중요한 일을 할 때는 소진되어버린다. 할 일이 산더미처럼 쌓여 있는데 집중도 잘 안 되고, 진도는 안 나가면서 계속 같은 자리만 맴돌고 있는 느낌이다.

만약 중요한 평가를 앞두고 있다면 한껏 더 힘을 준다. 좋은 평가를 받고 인정받기 위해, 또는 부정적인 평가를 피하기 위해 총력을 기울인다. 인정을 받기 위해서든, 망신을 피하기 위해서든 방향이 어찌 됐든 간에 불안한 마음이 커진다. 그러면 정보

수집을 기약 없이 반복하면서 진도를 빼지 못하고, 마음에 차지 않아 끝맺음하기가 어렵다. 이를 완수 지연(완결 지연)이라고 한다.

일의 마감 기한은 다가오는데, 마침표를 찍은 일이 없으면 발만 동동 구르게 된다. 불안해서 일을 더 많이 하느라 에너지는 에너지대로 소모되는데, 손에 잡히는 완성물은 없으니 억울함마저 든다.

완벽한 순간은 아주 잠깐이라서, 어쩌다 성공하더라도 완벽함을 붙잡을 수가 없다. 그래서 결핍감, 안타까움, 뭔가 빠진 듯한 아쉬움, 조금만 더 하면 될 것 같은 절박함을 느끼게 된다.

실제 완벽주의 연구자들은 애초에 '완전무결'한 상태가 존재하지 않는다고 말한다.[2] 완벽함을 좇으며 목표에 도달하더라도, 바로 다시 더 높은 목표를 설정하기 때문에 실패가 예정되어 있다는 것이다. 그래서 완벽함을 추구하는 과정에서 자기 패배감, 우울과 같은 부정 정서를 경험하는 것은 어쩌면 필연적일 수밖에 없다고 설명한다.

그럼에도 불구하고, 완벽주의 성향이 높은 사람들은 성취 욕구가 대단히 강하기 때문에 하고 싶은 일, 해야 하는 일 모두를 잘 하고 싶어 한다. 그래서 완벽하게 해내지 못하면 그 원인을 자신의 무능력함에서 찾는다. '업무'의 완벽성은 곧 '나'의 완벽함으로 이어진다. 이런 식으로 자신에게 화살을 돌리는 경우 자기 비난에 빠지고 불안해지기 쉽다.

'하나라도 포기하고 싶지 않다'와 '완벽하게 해내야만 할 것 같다, 완벽하지 않으면 안 될 것 같다'는 다른 느낌을 준다. 그 차이는 당위적 사고에 있다. 전자는 해내고자 하는 소망이 더 강하다. 반면에 후자는 '해야만 한다'라는 당위 때문에 부담감이 느껴진다. 이런 당위적 사고는 완벽하게 해내지 못하면 형편없는 사람, 보잘것없는 인간이 되는 것 같다는 자기 혐오로 이어진다. 당위적 사고와 관련해서는 이 책의 3장 '자기 비난 경향성'을 살펴보기 바란다.

완벽한 결과물, 성취를 선호하는 것과 완벽해야만 한다는 당위적 사고는 구별된다. 일, 부모 역할, 자녀 역할, 사회적 역할에 정성을 쏟고 완벽을 추구할 수 있다. 하지만 그래야 할 것 같아서, 혹은 그러면 안 될 것 같아서, 완벽한 사람이 되려고 하는 것은 불안을 야기할 뿐이다.

완벽주의로 인한 꾸물거림의 핵심 특징은 '활력', '과도한 긴장감', '걱정과 의심', '불안' 등이다. 이리 뛰고 저리 뛰고, 정신없이 움직이지만, 어느 것 하나 제대로 하지 못했다는 아쉬움이 가시질 않는다. 미련이 남아서 마감 시간 직전까지 시간을 모두 소진한 후에야 떠밀리듯 제출한다. 우왕좌왕하며 만들어낸 결과물을 제출한 후에도 여전히 찝찝하다.

완벽주의라는 말은 우리에게 어쩌면 너무 익숙하다. 하지만 완벽주의가 무엇인지, 어떻게 생겨났고, 어떻게 영향을 주고 있는지는 모호하다. 나에 대한 정보가 많을수록 꾸물거림을 예방할 수 있다.

완벽주의의 두 얼굴

완벽주의 성향이 높은 사람들은 두 가지 특징을 보인다. 첫째는 높은 개인적 기준을 설정하고, 이에 도달하기 위해 접근하는 성취 지향적인 모습을 보인다는 점이고, 둘째는 평가가 예상되는 상황에서 과도하게 염려하고 실수하는 것을 두려워하며, 대단히 민감한 반응을 보인다는 점이다.

그렇다면 완벽주의 성향이 높은 이들을 이처럼 개인 기준이 높은 사람과 평가 염려가 높은 사람 두 가지로 구분하는 것이 과연 옳은 방법일까? 심리학에서는 완벽주의의 발생 및 유지 기제를 설명하고자, 개인 내에 공존할 수 있는 완벽주의 차원들의 조합으로 완벽주의의 유형을 구분하였다.

완벽주의의 2요인 모델에 의하면, '평가 염려'와 '개인 기준'의 두 개의 축으로 완벽주의 프로파일을 구분할 수 있다.[3,4] 사람마다 개인 기준과 평가 염려 수준이 다를 수 있고, 이 높낮이에 따라 4개의 완벽주의 프로파일이 나타난다. 바로 비완벽주의, 순수 개인 기준 완벽주의, 순수 평가 염려 완벽주의(사회 부과 완벽주의), 그리고 평가 염려와 개인 기준 수준이 모두 높은 혼합된 완벽주의이다.

간략히 살펴보면, 개인 기준과 평가 염려 수준이 모두 낮은 '비완벽주의' 성향의 사람들은 완벽함을 지향하지 않을 뿐 아니라, 사회적 압박감을 느끼면서까지 완벽한 기준을 달성하기 위해 노력할 필요성을 느끼지 않는다.

개인 기준 수준만 높은 '순수 개인 기준 완벽주의' 성향의 사람들은 평가 염려 수준이 낮기 때문에 타인의 평가에 크게 좌우

되지 않는다. 자신이 중요하게 생각하는 영역에서 자신이 세운 기준과 목표에 따라 완벽을 추구하는 경향이 있다.

평가 염려 수준만 높은 '순수 평가 염려 완벽주의(사회 부과 완벽주의)' 성향의 사람들은 '다른 사람들은 나한테 완벽함을 기대한다'는 압박감을 많이 느낀다. 완벽하지 않으면 다른 사람들이나 사회로부터 인정받을 수 없다고 생각하는 경향이 있다.

마지막으로, 개인 기준과 평가 염려 수준이 모두 높은 '혼합된 완벽주의' 성향의 사람들은 중요한 사람의 높은 기대 수준을 충족시켜야만 한다는 압박감을 느낀다. 그와 동시에 개인적으로도 완벽한 기준을 달성하기 위해 노력한다. 다른 사람의 기대에

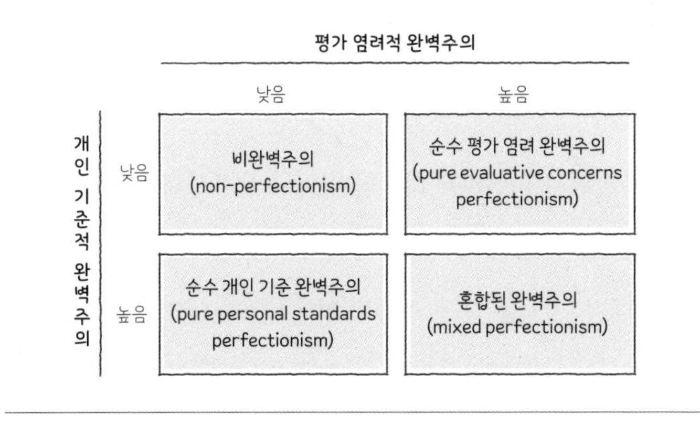

완벽주의의 2요인 모델

부응해야만 한다는 부담감과 책임감이 자기 자신의 기준과 가치에도 영향을 미친다. 그 때문에 완벽주의가 완전히 자신의 것이 되기 어렵고, 절반만 소화된 채로 남아 있는 경우가 많다.

한 사람 안에도 개인 기준 완벽주의와 평가 염려 완벽주의 특징이 둘 다 공존할 수 있고, 특히 이 두 가지가 모두 높을 때 불안과 같은 부정 정서를 더 빈번하게 경험할 가능성이 크다.

이 네 가지 유형 중 순수 평가 염려 완벽주의(사회 부과 완벽주의) 유형과 혼합된 완벽주의의 경우 꾸물거림과 연관된다.[5] 반면에 비완벽주의와 순수 개인 기준 완벽주의 성향이 높은 사람들은 꾸물거리지 않는다. 즉, 완벽주의자 중 일부가 꾸물거린다.

잘 못 해내면 어떡하지?

우리는 살면서 빈번하게 타인의 평가에 노출된다. 적어도 한 번쯤은 긍정적이든 부정적이든 평가가 예상되는 일을 하기 전에, '혹시 내가 이 일을 잘 못 해내면 어떡하지? 결과가 안 좋으면 어떡해?'라고 걱정해본 적이 있을 것이다. 나의 성공과 실패가 타인의 평가에 좌우된다면, 걱정이 앞서는 것은 어쩌면 자연스러운 일이다.

완벽주의로 인해 꾸물거리는 사람들은 다른 사람보다 '걱정 DNA'가 쉽게 발현된다. 그리고 이 '걱정'은 꾸물거림의 한 축이 된다. 나는 어떤 걱정을 하고 있는가? '다른 사람들이 부정적인 평가를 하면 어떡하지?' '잘못하면 어떡하지?' '내가 열심히 해온 것이 모두 실패로 끝나면 어떡하지?' 이런 무수한 걱정들은 어디서 생겨난 것일까?

심리학에서는 완벽주의 발달에 기여하는 요인 중 특히 가족력에 주목한다.[6,7] 3장에서 살펴본 자기 비난 성향으로 인한 꾸물거림의 특징이 부모로부터 '~해야 한다'는 당위적 신념을 형성하는 데서 비롯되었다면, 완벽주의로 인한 꾸물거림은 '잘, 완벽히 해야 한다'는 비현실적인 높은 기준이 특징적이다. 즉, 당위적 기준에 잘하고 못하고의 평가적인 요소가 추가되는 것이다.

'사회적 기대 모델(social expectations model)'에서는 자녀가 부모의 높은 기대를 충족시키지 못하면 자신의 무능력과 부족함을 탓하고, 그 결과 만성적인 무기력을 경험한다고 설명한다.[8] 비합리적인 두려움으로 인해 어떤 일을 끝낼 수 있다는 자기 능력에 대한 확신이 없어서 꾸물거리게 된다.

예를 들어, 학교 시험에서 높은 점수를 받으면 부모님의 칭찬과 인정을 받겠지만, 만약 그와 반대의 성적을 받게 된다면(스스로는 최선을 다했고 그 점수에 만족할지라도), 부모님이 실망할지도 모른다는 생각에 걱정과 두려움이 앞선다. 그리고 실제로 시큰둥하거나 찡그리는 부모님의 표정을 감지하면, 자녀의 입장에서는 부모님의 사랑과 수용이 그들의 기대를 충족시킬 때만 조건적으로 주어진다고 느낄 것이다. 이 지점이 바로 완벽주의의 발달에 핵심이다. 따라서 내가 실수하거나 일이 잘못되지는 않을까 예상할 때 뒤따라오는 걱정과 부정적 평가에 매우 민감하고 취약해진다.

어릴 적 부모님으로부터 일을 잘할 때마다, '잘한다'는 칭찬을 자주 듣고 자랐다면, 완벽주의적 성향으로 꾸물거리는 사람은 칭찬을 받지 못할 때 쉽게 불안해질 수 있다. 칭찬과 인정을 늘 듣고 자랐다면, 일에 대한 자신감과 효능감이 더 높지 않을까? 그러나 사실은 그와 전혀 다른 반대의 현상이 나타난다. 칭찬에 너무 익숙하기에 실수나 실패를 하면 자존감이 낮아지고 이를 방어하기 위해 더욱 애를 쓰게 된다.[9] 다시 말해, 긍정의 압박으로 인해 긍정적 평가에 수반되는 조건적인 수용에 익숙해진 것이다.

따라서 내가 실수하거나 일을 잘 해내지 못하면 부모님, 선생님과 같은 중요한 타인에게 인정받지 못한다는 강한 두려움과 불안이 생겨서 더욱 비현실적으로 높은 기준을 세우고 완벽함을 추구하게 되고, 이는 꾸물거리는 행동으로 귀결된다.

완벽주의의 발달을 설명하는 또 다른 '사회적 반응 모델(social reaction model)'에서는 자녀가 신체적 또는 심리적 학대 경험이 있거나 불안정한 가정에서 성장했다면, 자녀의 완벽주의 성향이 발달할 확률이 높다고 본다.

자녀는 가혹한 환경에서 예측되는 신체적·정서적 학대를 예방하고, 거절에 대한 두려움과 수치심 같은 부정 정서를 피하기 위한 하나의 대처 반응으로서 완벽함을 추구하며, 심한 경우 강박증적인 성격이 발달하게 되는 것이다. 이는 자기 통제감 회복을 위한 하나의 시도이다. '혹여 실수하지 않을까?' '인정받지 못하고 날 안 좋게 평가하면 어떡하지?' 매사 노심초사하고, 실패가 예측되는 요인을 제거하는 데 과도하게 신경 쓰게 된다.

예를 들어, 열심히 시험공부를 해서 처음으로 수학에서 100점을 맞아서 기뻐하는 아이에게 부모가 다음과 같은 말을 한다. "근데, 시험이 쉬웠던 거 아니야? 100점 맞은 애들이 많겠네."

칭찬 없는 마치 가스라이팅 같은 부모의 말에 자녀는 어떤 기분을 느낄까? 자신의 성공 경험에 대해 충분히 기뻐하지 못하고 자기 패배감으로 시무룩해질 것이다. 그래서 과도하게 높은 기준을 세우고 도달할 수 없는 완벽함을 이루려고 많은 애를 쓸 것이다. 어떤 일을 수행할 때마다 실수나 실패에 대한 두려움은 커지고, 있는 그대로의 나를 인정받지 못할 것에 대한 불안 때문에 더욱 움츠러들고 무기력해질 것이다.

완벽주의에 관한 두 이론 모델은 공통적으로 부모 요인 및 가정 환경이 자녀의 완벽주의의 발달에 중요하다는 것을 강조한다. 자녀에게 높은 기대를 갖고, 끊임없이 좋은 결과물을 요구하는 부모의 양육 태도로 인해 자녀는 더 큰 성취 압박을 느낀다. 이처럼 엄격하고 처벌적이거나 과잉 통제적인 양육 방식일수록 자녀의 완벽주의 점수가 높았다. 특히 자녀 스스로 부모를 권위적으로 지각할수록 평가에 대한 염려가 높았으며, 인정받고 수용되기 위해서는 중요한 타인이 세운 높은 기대를 충족해야만 수용받고 인정받을 수 있다고 믿는 경향이 높았다.[10]

부모의 높은 기준 및 성취 압력으로 인해 평가 염려가 높아지면, 실수나 실패를 회피하려는 욕구도 커지기 때문에 더욱 완벽함을 추구하게 되고, 그 결과 꾸물거리는 모습으로 이어질 수 있다. 완벽주의와 꾸물거림의 관계를 살펴본 심리학자들은 완벽주의자들이 갖는 비현실적인 목표 추구 성향으로 인해 어떤 일을 시작하기에 앞서 두려움을 크게 느끼고, 따라서 고통을 회피하려는 목적으로 과제 시작을 미루는 착수 지연이 발생할 수 있다고 설명했다.[11]

또한 가능한 최고의, 완벽한 성과물을 얻기 위해 시간적 자원을 확보하기 위한 수단으로 과제 수행을 미루는 행동이 나타날 수 있다. 이러한 심리의 기저에는 실패에 대한 공포와 회피 동기가 자리하고 있고, 이 실패에 대한 공포를 해소하려는 전략으로 꾸물거림 행동이 나타나는 것이다.[12]

잘 들여다보면, 우리 마음속에는 걱정이 참 많다. 그중에는 실제로 일어나지도 않을 법한, 상상 속에서 만들어진 것들도 꽤 많다. 그리고 내가 통제할 수 없는 타인의 반응에 관한 걱정이라면 더욱 불안할 것이다.

지금 내가 통제할 수 없는 것에 대해 걱정하고 있다면, 아직 내리지 않은 비를 애써 맞으러 가는 것과 마찬가지다. 비가 내리면 그때 가서 생각해도 충분하다. 걱정 DNA는 더욱 신중히 일을 계획하고 수행하는 데 도움이 되기도 하지만, 때로 일을 착수하기도 전에 '일의 시작'이 주는 긴장감과 평가에 대한 염려를 증폭시켜 쩔쩔매게 만든다.

완벽한 계획에만 집착하고 실수를 예방하려고 무한대의 시간을 보내는 것은, 마치 숨어 있는 먹구름을 찾아서 미리 비를 맞으러 다니는 것과 같다. 먹구름을 좋아해서 1등으로 비를 맞아야 행복하다면 괜찮지만, 굳이 아직 내리지 않은 비를 이리저리 찾아다니느라 시간을 소모하면, 오늘의 밝은 햇살을 만끽하기 어려울 것이다.

사람들은 시간이 지난 다음에서야 '그때가 참 좋았었지' 하고 되뇌곤 한다. 정작 지금, 이 순간에는 걱정하느라 지금이 행복한 순간이라는 걸 실감하지 못한다. 우리의 삶은 유한하다. 그러니 걱정은 뒤로하고, 오늘이 인생에서 최고로 좋은 날처럼 시작한다면 어떨까? 내가 원하는 것, 하고 싶은 것을 하고 있는가? 무엇을 하고 싶은가? 소중한 사람들과 충분히 사랑하면서 살고 있는가? 흔한 말이지만, 우리에게는 언제나 오늘이 가장 소중한 날이다.

완벽주의를 버려야 꾸물거림이 해결될까?

결론부터 말하면, 완벽주의의 뿌리를 뽑아야 꾸물거림이 사라지는 것은 아니다. 완벽주의는 한 사람이 일관적으로 보이는 고유한 행동 양식이기 때문에 완벽하게 제거하려고 하면 오히려 근간이 흔들리게 된다. 완벽주의는 좋지도 나쁘지도 않은, 하나의 성격 특성이다. 보통 타인의 평가에 예민한 '평가 염려 완벽주의'와 중요한 사람이나 사회가 자신에게 완벽할 것을 기대한다고 믿는 '사회 부과 완벽주의(socially-prescribed perfectionism)'는 완벽주의의 부정적인 측면과 관련된다. 실수할까 봐 걱정하고, 자신의 결정과 행동을 의심하며, 나쁜 평가나 비난받는 것에 대해 민감하다.

이러한 경향성이 높은 사람들은 부정적 피드백을 회피하기 위한 동기가 활성화되어, 준비 단계에서 과도한 시간과 노력을 쏟느라 정작 일을 하는 데는 꾸물거리게 된다. 즉, 과제에 대한 성취 동기보다 실패 공포가 클 때 촉발되는 불안을 줄이기 위해 일을 회피하게 된다.[13] 최악의 경우 일을 포기해버리면, 나쁜 평판에 대한 우려가 현실이 되어, 내가 바라던 이상적인 모습과 실제 모습 사이의 괴리감이 더 커지게 될 것이다.

요컨대, 평가 염려 완벽주의 또는 사회 부과 완벽주의 수준이 높으면, 꾸물거릴 가능성이 크다. 다만, 그럼에도 이러한 성향이 높다고 해서 반드시 꾸물거리는 것은 아니다. 최근 한 연구에서 '평가 염려 완벽주의', '이상적 자기와 실제 자기 간의 불일치' 그리고 '꾸물거림' 사이에 어떤 관련성이 있는지 살펴보았다.[14]

연구자들은 참여자의 평가 염려 완벽주의 수준과 일상에서의 자기 불일치 경험 및 이로 인한 심리적 불편감의 정도를 사전에 측정했다. 그리고 꾸물거림 경험에 대해 하루에 두 번씩, 일주일 동안 짧은 '일기' 형식으로 기록하도록 하였다.

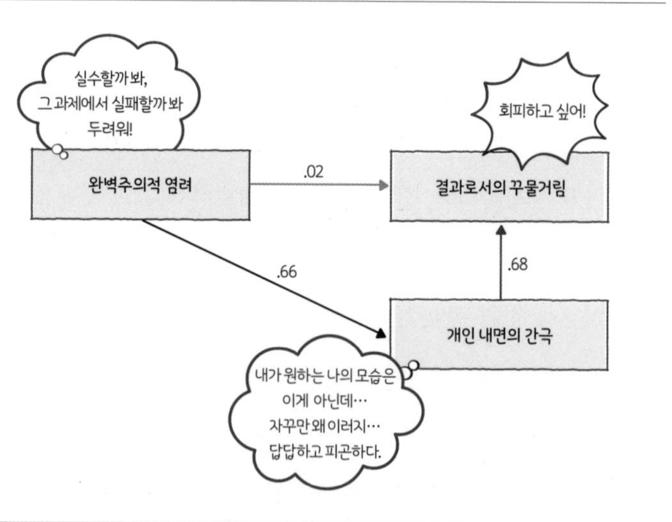

완벽주의적 염려 성향이 꾸물거림에 이르는 방식

연구 결과, 앞 그림에서 볼 수 있듯이, 평가 염려 완벽주의 성향이 높다고 해서 반드시 꾸물거리게 되는 것이 아니라, 일상의 여러 상황에서 '실제 자기'와 '이상적인 자기' 간에 괴리감을 자주, 심하게 느낄수록 꾸물거리는 정도가 더 높게 나타났다.

자신이 바라보는 자기상(self-image)과 자신·타인이 이상적으로 생각하는 모습 또는 그렇게 기대되는 모습 사이에 괴리감을 지각할 때, 심리학에서는 이를 '자기 불일치(self-discrepancy)'라는 개념으로 설명한다.[15] 실제 나의 모습과 이상적으로 바라는 모습 간의 괴리를 '실제/이상 자기 불일치(actual/ideal self-discrepancy)'라고 하며, 실제 나의 모습과 당위적으로 되어야만 하는 모습 간의 괴리를 '실제/의무 자기 불일치(actual/ought self-discrepancy)'라고 한다.

완벽주의 수준이 높은 사람들은 자신의 실제 능력보다 더 높은 기준과 목표를 세우는데, 그 기준과 실제 내가 행하는 수행 간의 간극을 크게 지각하는 경향이 있다. 더 높은 기준을 세우고, 더욱 완벽해지려고 노력하는 과정에서 좌절, 무망감, 자기 패배감 등의 부정 정서를 경험하고 그 결과로써 꾸물거림 행동이 나타날 수 있다.

실제 자신의 모습과 이상적으로 되고 싶은 또는 당위적으로 되어야만 하는 자신의 모습 사이의 괴리감 때문에 꾸물거리게 되는 것이라면, 먼저 이 간극을 줄이는 것이 필요하다. 물론 내가 계획한 일을 마음먹은 대로 완수하지 못한 채 포기해야 한다면, 아쉬운 마음이 들 수 있다. 이때가 잠시 머물러서 생각해볼 시점이다.

세세한 것까지 빠짐없이 신경 쓰고 챙기다 보면, 큰 그림을 보기 어렵다. 우리에게 시간과 에너지는 한정적이다. 따라서 일의 우선순위를 정하고 가용한 자원을 현실적으로 분배하는 것이 중요하다.

하나라도 놓치고 싶지 않아!

완벽주의 성향이 높은 사람들은 때로는 '디테일 지옥'에 빠지기도 한다. 논문을 학술지에 투고한 한 연구자의 예를 살펴보자. 심사 결과, 논문을 수정해야 하는 상황이다. 저자의 관점을 정당화하기 위해 때로는 추가적인 문헌 조사가 필요하다. 어떤 경우는 답변서 한 줄을 작성하기 위해 며칠이 소요되기도 한다. 그런데 완벽주의 성향이 있는 사람이라면, 이 과정에서 필요한 정보를 다 수집했음에도 불구하고, 왠지 빠트린 것이 있는 것 같아 계속 관련 자료를 찾느라, 정작 답변서 작성을 시작하지 못하는 경우가 있다.

이토록 필요 이상으로 자료를 수집하는 데 많은 시간과 에너지를 쏟고, 또 작은 디테일에 집착하는 이유는 무엇일까?

완벽주의 성향이 높은 사람들의 공통적인 특성은 개인이 설정한 높은 기준과 성취 욕구이다. 목표 달성에 실패하면, 거부당하거나 수용받지 못할 것에 대한 두려움이 크기 때문에, 가능한 완전한 이상에 도달하기 위해 애를 쓴다. 그래서 하나라도 놓치고 싶어 하지 않는다. 하지만 애석하게도 완벽은 일종의 환상에 불과하다. 설령 완벽에 가까워진다 할지라도 만족감을 느끼기 어렵고 더 높은 목표를 추구한다.

그래서 이들에게는, "이 정도면 괜찮다"라는 경험이 존재하기 어렵다. 이미 충분한 자료가 수집되었음에도, 빈틈이 있을 수 있다는 생각 때문에 제출 기한이 다가오고 있는데도, 계속 자료를 찾거나 완벽한 디테일을 완성하기 위해 매진한다.

완벽주의자에게 실수와 실패를 예방하는 것은 중요하다. 예측

하기 어려운 부정적인 결과를 최소화하기 위해서는 그만큼의 준비 작업이 필요하다. 확신이 서려면 두 번, 세 번 확인하고 작은 디테일 하나까지 놓칠 수 없다. 이들은 예측 가능한 범위 내의 모든 것이 자신의 통제하에 관리되어야 안정감을 느낀다. 따라서 특정 과제를 실행할 능력이 부족하다고 생각되거나, 자신의 통제하에 일이 진행되지 않는다고 느낄 때, 꾸물거리는 행동을 보이기 쉽다. 과제의 난이도가 높거나 수행할 과제의 양이 많다면 그럴 가능성이 더 크다.

부분적인 디테일 혹은 결함을 통제하려다 정작 중요한, 기한 내 일을 완수하는 면에서 통제감을 갖지 못하는 것은 아이러니하다. 물론 디테일도 완벽하게 구현하고 과제를 기한 내 완수할 수 있다면 최상일 것이다. 완벽주의자들은 그러기를 바란다. 그러나 디테일 지옥에 빠지면 진도가 잘 나가지 않고, 과제 완수까지는 고행의 길을 떠나야 한다. 나의 바람과 달리 디테일과 기한을 맞추는 것이 양립하지 못했던 경험이 많다면, 이제 현실적으로 이 둘 중 어느 쪽의 통제권을 우선 확보할지 결정하는 것이 필요하다.

두 마리 토끼를 모두 잡을 수는 없다

완벽주의 성향이 높은 사람은 '높은 자기 기준'을 가지고 있다. 일을 처리할 때 완벽한 걸작(masterpiece)을 만들어내려 한다. 추구하는 기준이 너무 높아 비현실적일 정도여서 문제가 되지만, 완벽주의적인 사람이 지닌 큰 에너지만큼은 강점이 될 수 있다. 적당히 안주한다는 것은 완벽주의자에게 있을 수 없는 일이기 때문이다. 완벽하게 해내지 못할까 봐 불안한 감정에서 파생된 양가감정과 불순물을 걷어내면, 에너지를 자기 향상에 사용할 수 있게 된다.

완벽주의로 인한 꾸물거림에는 독특한 특징이 있다.[16] 양가감정 중에서도 특히 '접근-접근 갈등(approach-approach conflict)'을 경험한다는 점이다. '접근-접근 갈등'이란, 긍정적 선택 사이에서 갈등하는 것이다. 예를 들어, 물건을 살 때 보통 기능과 디자인을 고려한다. 디자인이 예쁜데 기능이 조금 떨어지는 물건과 디자인은 썩 마음에 들지 않지만 기능이 훌륭한 물건이 있다. 디자인을 선택하려고 하면 기능이 더 나아 보이고, 그 반대도 마찬가지다. 둘 다를 가지고 싶다는 마음에 결국 사지 못한 경우도 꽤 있었을 것이다.

완벽주의도 이와 마찬가지다. 즉, 긍정적인 선택 사이에서 갈등한다. 어떤 일을 탁월한 수준으로 달성하고 싶은 마음도 좋은 것이고, 실수하고 싶지 않은 마음도 좋은 것이다. 어느 쪽을 선택해도 유리하고, 결과는 괜찮다. 하지만 문제는 잘하려고 달려나가면서 실수 하나 없기를 기대하거나, 실수 예방에 집중하면서 동시에 탁월함을 달성하기는 지극히 어렵다는 것이다. 그래서 현실적으로는 둘 중 어느 방향으로 더 에너지를 집중할지 선택해야 한다.

우리는 목표를 달성하려고 할 때, 보통 두 가지 방향 중 하나를 선택한다. 하나는 만족스러운 결과를 얻기 위해 성취하려는 노력이고, 또 하나는 불만족스러운 결과를 예방하기 위해 자신의 상황을 유지하려고 하는 노력이다. 전자를 '향상 초점(promotion focus)', 후자를 '예방 초점(prevention focus)'이라고 한다.[17]

사람들은 동기 성향과 행동의 방향이 일치할 때 뭔가 잘되고 있다고 느낀다.[18] 승진할 기회가 생긴 희망적인 상황이라면 도전적인 자세로 힘껏 뛰어들어 의욕적으로 행동하는 방식이 잘 어울린다. 반대로 손해를 최소화해야 하거나, 의무감을 느끼는 상황이라면 신중하게 돌다리를 두들기는 행동 방식이 궁합이 잘 맞는다. 사람들은 결과만이 아니라 과정에도 선호하는 방식이 있다. 어떤 정보를 찾을지, 어떤 공략법을 사용할지 성향에 맞는 방법이 뒷받침되어야 잘 굴러간다는 느낌을 받는다.

나의 특성이 향상 초점의 동기를 주로 선호하는지, 아니면 예방 초점의 동기를 선호하는지에 따라 목표에 접근하는 전략도 달라질 수 있다. 만약 향상 초점의 동기가 강하다면 다소 위험을 감수하더라도 도전적인 자세로 목표에 접근하는 것이 더 효율적일 것이다. 이를 '열망 전략(eagerness means)'이라고 한다. 예를 들어, 특정 과목에서 좋은 성과를 내고 싶은 학생은 다음과 같은 행동 목표를 설정하는 것이 도움이 될 것이다.

- ✓ 과제를 제시간에 마친다.
- ✓ 수업에 빠짐없이 출석한다.
- ✓ 도서관에서 시간을 더 보낸다.
- ✓ 시험에 미리 대비하여 계획하고 공부한다.
- ✓ 높은 학점을 얻기 위해 스스로 동기부여 한다.

반면에 실패를 예방하려는 예방 초점이 강하다면, 위험이나 손해를 방지하기 위해 예상 가능한 문제를 미리 파악해서 피하려고 노력하는 것이 적합할 것이다. 이를 '경계 전략(vigilance means)'이라고 한다. 예를 들어, 특정 과목에서 과락을 피하고 싶은 학생에게는 다음과 같은 행동 목표가 도움이 될 것이다.

- ✔ 꾸물거림을 멈춘다.
- ✔ 수업 결석을 피한다.
- ✔ 모임이나 동아리에 할애하는 시간을 줄인다.
- ✔ 시험에 준비가 미진한 상황을 피한다.
- ✔ 의욕을 잃지 않는다.

히긴스(Higgins) 연구팀[18]에 의하면, 조절 초점 상태(향상 vs. 예방)와 조절 전략(열망 vs. 경계)이 일치할 때, 사람들이 즐거움을 더 많이 느낀다고 한다. 즉, 희망적인 향상 초점 상태에서는 열망 전

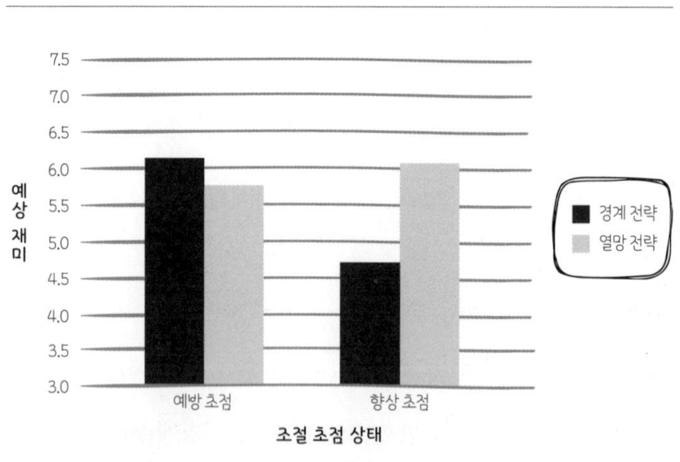

조절 초점 상태와 조절 전략의 조합에 따른 재미 수준

략 행동이 잘 맞고, 의무감을 느끼는 예방 초점 상태에서는 경계 전략 행동과 궁합이 잘 맞는다. 이렇게 동기의 방향과 행동 전략이 일치할 때, 사람들이 훨씬 일에 재미를 느낀다. 아래 그림을 함께 보자.

예방 초점 상태에는 경계 전략을 사용할 때(검은색), 그리고 향상 초점 상태에는 열망 전략을 사용할 때(회색), 재미를 더 많이 느낀 것을 알 수 있다.

완벽주의 성향이 높은 사람은 두 마리 토끼를 모두 잡고 싶어 한다. 향상도 완벽하게 하고 싶고, 예방도 완벽하게 하고 싶다. 즉, '잘하고 싶다'와 '못하기 싫다'라는 상반되는 두 가지 마음이 모두 강하게 활성화된다. 여기서 문제는 평형 상태가 된다는 점이다. '평형 상태(equilibrium state)'란 온도 및 압력과 같은 조건이 일정하면, 반응이 정지된 것처럼 보이는 현상이다.

조절 초점과 향상 초점 이 두 가지는 모두 중요하지만, 그럼에도 마음속에 이 둘의 공방이 치열하면, 진공 상태처럼 어디로도 움직일 수 없다. 그러나 물리적으로 평형 상태가 깨져야만 변화가 일어나고, 방향성이 생긴다. 앞으로 나아가려면, 둘 중 한쪽 힘이 조금이라도 더 강해야 한다. 한쪽을 포기하라는 것이 아니라, 판단의 기준점이 필요하다는 것이다.

예를 들어, '과제를 수행할 때, 향상 초점과 예방 초점 중 어떤 것이 더 유리한가?'라는 기준을 생각할 수 있다. 지금 주어진 과제를 완수하는 데 필요한 전략이 대담함, 낙관주의, 신속한 행동, 위험을 감수하는 것일까, 아니면 신중함, 정밀함, 실수와 위험 방지일까? 그 방향성과 무게를 비교해보고 자신의 성향에 더 부합하는 방향의 조절 초점과 전략을 사용하는 데 에너지를 집중하는 것이 교착 상태를 벗어나 꾸물거림을 극복하는 데 도움이 될 것이다.

잘해야 한다 vs. 잘하고 싶다

완벽주의로 인한 꾸물거림의 또 하나의 축은 '잘해야만 한다'는 마음의 목소리다. 잘해야 하고 중요한 일이라면, 의욕적으로 시작할 법도 한데, 왜 자꾸 미루게 될까?

이럴 때는 '잘해야만 한다'의 출처를 찾아볼 필요가 있다. 혹시 내가 잘 보이고 싶어 하는 사람이 있는지 생각해보자. 나에게 중요한 사람의 기대에 부응하기 위해 잘하려고 무리하고 있지는 않은가? 이번 일이 결정적이니 특히 잘해야 한다고 기대하는 상사, 틀림없이 완벽하게 성공할 거라고 믿고 있는 부모님, 절대 실패할 리 없다고 굳게 믿는 배우자가 실망하는 모습은 상상만으로도 두렵다. 괜찮다고 말하는 눈초리가 못내 마음에 걸리고, 나 자신이 한없이 작아지고 자존심이 상할 것 같다.

이렇게 타인의 기대를 충족하기 위한 목적으로 완벽함을 추구하는 경우, 일을 미루기 쉽다. 발전하고 싶은 욕구의 주인이 내가 아닌 '나에게 중요한 타인(부모님, 선생님, 배우자 등)'에게 있기 때문이다. 완벽한 수행을 통해 얻는 타인의 인정과 관심, 수용에 목말라 있지만, 동시에 '~해야만 한다'는 당위의 목소리가 강하게 압박하기 때문에, 실패하지 않으려고 애쓰게 된다.[19]

'잘해야만 한다'는 목소리의 주인이 내가 아닐 때 실패에 대한 두려움이 더 커지기 마련이다. 혹시 내 목소리가 아닌 것 같다면, 이제부터는 '잘해야만 한다' 대신, '잘하고 싶다'고 말해보자. 해야 한다는 당위는 소화가 덜 된 타인의 목소리일 가능성이 크다. 그간 타인의 목소리에 따르느라 괴롭기도 했지만, 한편으로는 오랫동안 내 안에서 나를 도와 많은 성과를 이루기도 했다. 이제는 타인의 목소리에게 고생했다며 토닥여주자. 그리고 떠나보내자. 그리고 '잘하고 싶다'는 나의 의지를 담은 새로운 목소리를 반갑게 환영하자. 이 목소리와 함께라면 원하는 곳으로 좀 더 경쾌하게 나아갈 수 있을 것이다.

6장

"재밌으면 나도 안 미뤘지!"

자극 추구 성향

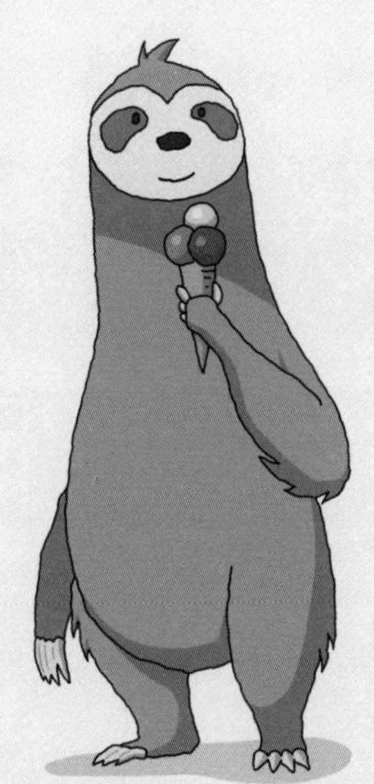

* * *

서두르지 말되, 멈추지 말라.

– 요한 볼프강 폰 괴테(Johann Wolfgang von Goethe)

인간이 시련을 견디지 못할까 봐 당신은 두려운 모양인데,

그래도 견뎌낼 거라는 기대만은 버리지 말게나.

– 지그문트 프로이트(Sigmund Freud)

• • •

심장이 두근거리지 않으면 무슨 소용이야

"재미없어서 하기 싫은 걸 어떡해?"

"재밌으면 안 미뤘지."

"하고 싶긴 한데, 몰입이 잘 안 돼."

"몰입해서 해내는 사람들이 부러워."

시작은 언제나 즐겁고 기대된다. 새로운 언어를 배울 때도 그렇다. 영어를 잘하면 얼마나 좋을까 생각하던 중 서점에 갔다가 영어 회화 책을 발견했다. 숙원 사업이었던 영어를 마스터하게 해줄 바로 그 책인 것 같다. 항상 나중에 하자고 미뤄왔지만, 이번만큼은 다를 것 같다. 이 책이라면 마법처럼 저절로 공부가 될 것 같다. 설레는 마음으로 책도 사고, 내친김에 공책과 단어장, 영어 공부용 필기도구도 구매했다. 매일 꾸준하게 해보자고 마음을 먹는다. 공부에 필요한 준비는 다 된 것 같다.

이틀 정도는 괜찮았다. 하지만 사흘째 되니 좀 귀찮다. 일도 힘들었는데, 쉬고 싶은 마음이 든다. 할까 말까 망설이면서 어영부영 쉬다 보니 시간이 늦었다. 물론 자투리 시간을 이용하면 되지만, 어쩐지 하고 싶은 마음이 들지 않는다. 미루면 마음이 불편하긴 해도, 의무감으로 나를 괴롭히고 싶지는 않다.

내 인생은 소중하다. 나의 만족에 가장 우선순위를 둔 삶을 살고 싶다. 부귀영화에 관심이 있는 것도 아니다. 물 흐르듯 살면서 소소한 행복만 누리고 살아도 충분하다. 무리해서 성과를 내거나, 나를 억지로 다그쳐서 영어 공부를 한다고 해서 내가 더 행복해지진 않을 것 같다. 서두를 것 없이 오늘만 쉬고 천천히 해도 될 것 같다. 영어 회화 공부는 내일부터 해야겠다. 내일의 나는 다를 것이다.

석 달 후, 출근 시간이 촉박해서 황급히 집을 나서려는데 문득 현관문에 붙어 있는 포스트잇이 눈에 들어온다. '영어 회화 공부하기'. 잘 보이는 곳에 붙여놓으면 지키겠지 싶어서 현관문 앞에 붙여놓은 지가 벌써 석 달째다. 의도한 대로 매일 집을 나설 때와 들어설 때마다 눈에 잘 보이기는 하는데, 문제는 아직 제대로 하질 못했다는 것이다. 영어 회화 책과 필기도구들은 계속 묵혀만 두고 있다.

잠시 머릿속이 복잡하다. 영어 공부를 꾸준하게 하려면, 혼자 공부하는 것보다 영어 회화 수업이나 1:1 강좌를 수강해야 할 것 같은데, 비용이 만만치 않아 고민이다. 게다가 강좌를 알아보려면 꼼꼼하게 따져봐야 한다. 회사나 집에서 멀지 않아야 하는데, 마음에 드는 곳이 별로 없다. 그리고 공부할 시간을 비워놔야 하는데, 평일 퇴근 후나 주말 시간에 영어 회화 공부를 위한 시간을 고정해두려니 다른 일정들이 걸린다. 이것저것 고려해야 할 것들이 너무 많다.

'일단 오늘 다녀와서 생각하자.'

마음이 복잡하지만, 출근을 서둘러야 한다. 여기서 더 고민하면 아침부터 스트레스를 받을 것 같다. 우선 급한 일들부터 하고, 영어 공부는 나중에 하는 게 좋겠다. 그렇게 오늘도 찝찝한 마음으로 문을 나선다. 어쩐지 마음 한구석이 콕콕 거슬린다. 꾸준히 해보자는 시도는 3일을 넘기지 못한다. 금세 시들해지고 만다. 분명 희망차게 시작했는데, 귀찮아서 미루게 된다. '난 왜 이렇게 끈기가 부족하고 산만한 것일까?' 기분이 조금 가라앉는다.

꾸준함을 대신할 획기적이고 수월한 방법이 있으면 참 좋겠다. 호기심과 기대에 부풀어 일을 시작하긴 했는데, 열정이 금방 사그라든다. 특히 고비를 넘기기가 어렵다. 어찌어찌 작심삼일을 넘겨도 어려운 구간을 만나거나 반복 연습이 필요한 부분을 맞닥뜨리면 도전하기보다는 나중에 하자고 미루게 된다. 일을 더 쉽게 할 다른 방법을 찾느라, 정작 필요한 일이 뒷전이 되기도 한다.

누가 이 지루한 부분을 재밌게 만들어주기만 하면 자발적으로 계속할 수 있을 텐데 아쉽다. 몰입을 못 하는 건 아무래도 이 분야에 재능이 없기 때문이 아닐까, 내 길이 아닌 게 아닐까 의심도 든다.

이렇게 시작과 포기를 반복하는 경우가 대단히 많다. 이런 사람들을 단순히 게을러서 미룬다고 하기에는 관심사도 많고, 묘하게 분주하기도 하다. 일단 씨앗을 뿌려보자는 생각으로 시작은 잘한다. 생각은 많은데, 행동으로 착수가 안 되는 사람들과는 약간 결이 다르다. 하지만 일을 벌인 후 유지하는 것이 힘들다.

영리하게 규모를 줄여서 쉬운 것부터 시작해본다. 그러나 이상하게 규모가 작은 일이나 일상적인 습관도 꾸준히 지속하기가 어렵다. 같은 시간에 일어나고 잠자리에 들기, 하루에 20분씩 책 읽기, 영어 한 문장 암기하기처럼, 아무리 쉬운 목표를 세워도 2주 이상 계속하기 어려운 이유가 무엇일까?

작심삼일의 이유

사실 작심삼일에는 과학적인 근거가 있다.[1] 어떤 것이든지 새로운 일을 시작하면 스트레스가 발생한다. '변화' 자체가 일종의 스트레스 자극으로 작용하기 때문이다. 이 스트레스를 줄이기 위해 우리 몸의 부신 피질에서는 아드레날린(adrenaline)과 코르티솔(cortisol)이 분비된다. 아드레날린과 코르티솔은 일종의 스트레스 방어 호르몬인데, 기분이 좋아지고 낯선 변화를 견딜 수 있게 해준다.

다만, 스트레스 방어 호르몬은 지속 시간이 약 사흘 정도이다.

그래서 새로운 일을 시작하고 사흘이 지나면, 더 이상 자연적인 방어가 불가능하기 때문에, 스트레스를 피하려 포기하고 싶은 마음이 스멀스멀 커진다. 작심삼일, 즉 새로운 일을 시작한 후 서서히 흥분이 가라앉고 포기하고 싶어지는 것과 일맥상통한다.

소위 끈기가 있는 사람들은 작심 후 나흘째부터 시작되는 지루함을 견디고 꾸물거리지 않아서, 마침내 새로운 습관을 정착시킨다. 국내외에서 널리 사용되는 '기질 성격 검사(Temperament and Character Inventory: TCI)'에서 인내력(persistence)은 한 사람의 성공 가능성을 예측할 수 있는 요인이기도 하다.

TCI는 개인이 타고나는 기질(temperament)과 살아가면서 경험에 의해 발달하는 성격(character)을 구분한다.[2] 이 중 인내력은 기질에 속하지만, 훈련을 통해 성장할 수 있는 특성이기도 하다. 인내력은 자신의 노력에 대한 즉각적인 보상이 없어도 한번 시작한 일을 지속하려는 경향성을 말하며, 작심삼일을 반복하는 사람의 특성과 반대된다. 그래서 인내력이 높은 사람은 낯선 일이라도 꾸준히 해서 성공할 가능성이 크고, 성공 경험이 쌓일수록 자신감과 야망이 커진다.

반면에 자극 추구 성향(sensation seeking tendency)은 개인의 타고난 기질로서 쉽게 바뀌지 않는다.[2] 새로운 음식을 덥석 잘 먹는 아이가 있는 반면, 낯선 음식은 심하게 가리고 반찬 투정을 하는 아이도 있는 것처럼, 새로운 자극에 얼마나 적극적으로 접근하는지 사람마다 타고난 차이가 있다. 여기서 자극, 'sensation'은 새로움을 뜻하는 'novelty'와 혼용되기도 하는데, 새롭고 감각적인 경험을 좇는 성향을 의미한다. 자극 추구 성향은 바뀌기 어렵지만, 후천적으로 인내력을 계발하면 적정한 수준으로 관리할 수 있다.

기질적으로 자극 추구 성향이 강한 사람은 주어지는 자극에 반응하기만 하는 게 아니라, 적극적으로 자극을 찾아 나서기도 한다. 자극적인 경험을 하기 위해 돈과 자원을 투자하고, 때로는 위험을 감수하기도 한다. 흔히 기대감에 차서 새로운 일을 시작하지만, 얼마 지나지 않아 재미가 반감되면 쉽게 포기하곤 한다. 그렇게 되면 작심삼일을 극복할 수 있는 인내력을 계발할 기회가 제한된다.

자극의 다양한 형태들

자극 추구 성향에는 네 가지 특징이 있다.[3] 첫 번째 특징은 '스릴과 모험'을 추구하는 것이다. 이 특징이 강한 사람은 스릴을 느끼려고 익스트림 스포츠나 물리적으로 위험한 활동에 적극적으로 참여하기도 한다.

두 번째는 '금기'를 어기는 것이다. 주로 사회적 활동에서 자극을 추구하는데, 경계선을 넘나드는 음주, 아슬아슬한 성생활이나 파티를 예로 들 수 있다. 감각적인 쾌락을 위해 통상적인 규범을 깨뜨리고 싶어 하는 특징이다.

세 번째는 '새로운 경험'을 추구하는 것이다. 신제품, 새롭게 떠오르는 핫플레이스를 찾아가 보는 것을 좋아한다. 이국적이고 신기한 장소를 여행하거나, 남들은 하지 않는 아주 독특한 생활양식을 바라고 시도하기도 한다.

마지막 네 번째 특징은 '권태'에 민감하다는 것이다. 틀에 박힌 일을 싫어하고, 반복적인 일은 좀이 쑤셔서 견디지 못한다. 사람, 일, 그리고 전반적인 삶에서 쉽게 싫증을 느끼는 경향이 있다.

이런 특징마다 정도가 달라서 개인차가 생긴다. 한 사람이 네 가지 특징을 모두 가질 수 있지만, 그중에서도 스릴과 새로운 경험을 추구하는 경향이 높고 금기 어기기에는 관심이 적은 사람은 사회가 허락한 한도 내에서 새로운 스포츠, 여행으로 자신의 욕구를 충족할 수 있을 것이다.

그 반대라면, 금기에 도전하다가 자신과 타인을 위험에 빠뜨리지 않도록 자기 욕구를 감시하고 다스릴 방법을 찾아야 한다. 또, 권태를 참지 못하는 특징이 강한 사람은 일반적인 사무직, 회사 생활은 지루해서 스트레스가 높을 가능성이 크다.

자극 추구 성향에 대해 이해할 때 오해하지 말아야 할 부분은 무조건 강도가 센 자극만 좇는 건 아니라는 점이다. 이 또한 개인차가 있다. 놀이공원에서 롤러코스터를 타는 것으로 충분한 사람도 있지만, 양팔과 양다리 사이에 날개가 달린 윙슈트를 입고, 하늘다람쥐처럼 공중 활강을 해야 만족하는 사람도 있다.

즉, 사람마다 만족감을 느끼는 최적의 지점이 다르다.[4] 최적의 지점을 초과해 자극이 너무 강하면 불안감을 느끼고 움츠러들게 된다. 아무리 스릴을 추구하는 사람이라도 안전 검증이 되지 않은 롤러코스터는 부담스러울 수밖에 없다. 한 사람의 최적의 지점과 일에서 오는 자극 수준이 잘 맞을 때, 그 자극을 탐구해 보고 싶은 호기심이 커지고 만족감도 높아진다.[5] 나와 잘 맞는 적정 수준의 자극이 행동을 활성화해서 새로운 일에 도전하게 만든다.

앞서 소개했듯 자극 추구 성향이 강한 사람은 주어진 자극에 반응할 뿐만 아니라, 새로운 자극을 찾아 나서는 적극성이 있다. 그러다 보면 익숙함에 안주하는 사람에 비해 자신의 최적 지점에 잘 맞는 자극들을 발견할 가능성이 더 크다. 호기심을 느끼고 도전정신이 생겨 새로운 일에 시동이 자주 걸린다. 도전이 많다는 것은 그만큼 성공할 기회도 많다는 뜻이다.

이러한 장점에도 불구하고 안타까운 건 새로운 행동이 활성화된 후, 자동으로 재미가 유지되는 기간이 너무 짧다는 것이다. 행동 활성화 다음으로 '행동 유지'가 관건이 된다. 시작할 때는 자율주행인 줄 알았겠지만, 스트레스 방어 호르몬이 지원해주는 무료 서비스 기간이 지나면 스스로 페달을 밟아야 한다.

하지만 자극 추구 성향이 강한 사람은 재미에 반응하는 기분파이다 보니, 행동 유지 단계의 지루함을 참는 인내력이 부족하고 일을 미루곤 한다. 낯선 상황을 탐색하는 것을 즐기며, 새로운 아이디어에 쉽게 빠져드는 만큼, 잦은 변화를 추구하기 때문이다. 그리고 한 가지 일에 오래 집중하기가 어렵다.

재미가 다했는데 굳이 계속해야 한다니, 애초에 내 길이 아니었던 것이 아닐까? 내가 이 일에 재능이 있었더라면, 당연히 재밌지 않을까? 프로 운동선수들은 어릴 때부터 하루 내내 훈련하는 데 익숙했다고 하던데, 시작할 때는 나한테 맞는 줄 알았지만, 결국 재미가 없어서 미룬다는 건…. 그건 나랑은 맞지 않는다는 증거 아닐까?

레벨 업은 'S'자 곡선을 따른다

결론부터 말하면, 재미가 없다고 내 길이 아니라고 단정할 수는 없다. 게임에서도 레벨 업을 하려면 동일한 작업을 반복해야 하는 기간이 있다. 게임 속에서 일정 시간 지겹게 나무만 때리고 있어야 할 수도 있고, 계속 당근만 키워야 할 수도 있다. 반복은 지루하지만, 그 순간순간이 짜릿하지 않다고 해서 헛된 시간은 아니다. 지루함을 참고 달성치를 채우면 결국 레벨 업이 되긴 하니까.

이제 롤플레잉 게임(RPG)에 대입해보자. '나'라는 캐릭터를 키우려면 의식적인 기다림이 필요하다. 행동 유지가 새로운 학습과 변화의 본질이기 때문이다. 희망적인 소식은 아래 그림처럼 발전이 S자 모양(sigmoid)으로 이루어진다는 점이다.

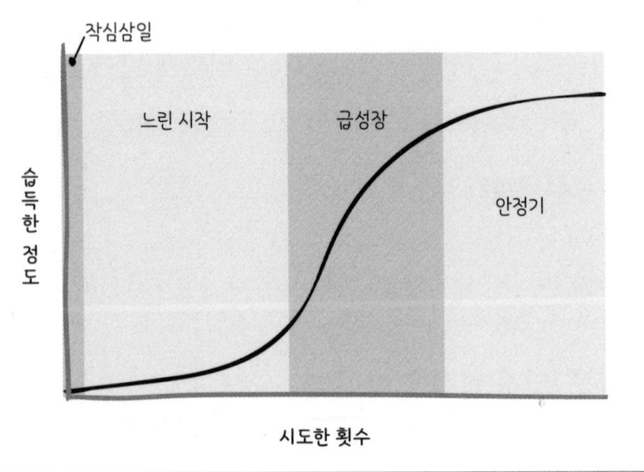

S자 모양으로 이루어지는 학습

위 그림에서 가로축은 마음먹은 일을 한 횟수이고, 세로축은 습득한 정도이다. 초반에는 낯선 정보들을 받아들이느라 습득 속도가 느리지만(slow beginning), 일정 기간이 지나면 점차 습득 속도가 빨라지며(steep acceleration), 마침내 숙달 수준에 가까운 안정기가 찾아온다(plateau). 그렇기에 어떤 목표를 마스터하려면, 일을 시작한 초반부의 '느린 단계' 관문을 거쳐야 한다. 느린 단계에서 행동 유지에 성공해야 곧이어 소위 물이 오르는 급성장의 시기가 찾아온다.

게임에서 단순 작업을 반복할 수 있는 건 지루함 끝에 레벨 업이 된다는 기대가 있기 때문이다. 현실도 게임처럼 그 순간 재미가 없더라도 마음먹은 일을 미루다가 포기해버리지만 않는다면, 나라는 캐릭터가 성장한다. 재미없으니까 그만둘 때가 됐다고 단정 짓고, 시작과 미루기를 반복하는 것은 기분 전환이 목적일 뿐, 성장에는 도움이 되지 않는다.

다시 영어 공부를 예로 들면, 국내 대학생 154명을 대상으로 한 연구에서, 영어 성취도가 높은 학생과 성취도가 낮은 학생의 주된 차이는 언어적 재능이나 학습 능력보다 영어 공부 과정에서 느끼는 어려움에도 불구하고 자신을 '재동기화(re-motivation)'할 수 있는가에 달려 있었다.[6]

영어 성취도가 높은 학생과 그렇지 못한 학생 모두 영어 공부 필요성을 느끼고 있었지만, 전자는 공부가 잘 안 될 때도 자신을 북돋우며 행동 유지에 성공했고, 후자는 쉽게 포기했다. 사실 언어적 재능이 학습의 성공 여부를 가르는 건 만 10세까지에 불과하다.[7,8] 어린 시절이 지나면 대체로 평준화되고, 재능보다는 마음먹은 일을 미루지 않고 유지하는 의식적인 노력이 더 중요하다.

영어 공부 초반부에는 모르는 단어가 너무 많아서, 한동안 단어 암기가 주 과제가 될 수밖에 없다. 재밌는 영어 드라마나 영화를 보면서 저절로 공부가 되었으면 좋겠는데, 30초도 안 되어 영상을 멈추고 단어 검색을 해야 한다니, 지지부진하게 느끼기 쉽다.

하지만 암기한 단어 일정 분량이 채워져야만 실력 향상에 가속도가 붙는다. S자 학습의 급성장 단계로 이행하기 위한 바탕이 되는 자원이 필요한 것이다. 한 문장 안에서 아는 단어가 두세 개만 되어도 나머지는 문맥상 추측이 가능하다. 그런 의미에서 성장은 1+1=2가 아닌 그 이상이다. 이것을 직접 체험하면 더 잘하기 위해 욕심이 생기고, 한마디로 공부할 맛이 날 것이다.

처음에는 20분짜리 영어 시트콤 드라마 한 편의 내용을 이해하기 위해 서너 시간이 걸렸지만, 일정 기간이 지나면 단어장을 펼칠 필요도 없이 극 중 상황에 몰입하게 되고, 심지어 대사의 뒷말을 맞출 수 있는 안정기가 찾아온다. 이때 초반부 느린 시작 단계에서 느꼈던 지루함을 완전히 보상받게 될 것이다.

그런데 자극 추구 성향이 높은 사람은 처음부터 성공에 이르는 가장 쉽고 빠른 길을 찾으려고 한다. 성장이 지체된다면 '재미도 없는데, 계속해봐야 시간 낭비'라고 여기며 꾸물거리고, 다른 일에 눈을 돌린다. 하지만 시작할 때의 흥분이 사라졌기 때문에, 또는 재미가 없기 때문에 하려던 일을 미루는 것이야말로 시간 낭비다. 그렇기에 기존의 프로젝트를 던져버리고 싶어질 때는, 성장이 S자로 이루어진다는 것을 상기할 필요가 있다.

'재밌었으면 좋겠다'는 것은 이제 의식적인 노력이 필요하다는 신호이다. 새로운 일의 신선함이 주는 효과로 자동으로 행동이 활성화되던 시점이 지나, 이제 본격적인 작업이 시작된다는 뜻이다. 본격적인 작업을 위해서는 차근차근 나아간다는 원칙이 필요하다. 그럼 이제 자꾸 새로운 유혹에 빠지고, 일을 시작할 때의 다짐을 어기게 되는 이유에 대해 좀 더 자세하게 살펴보자.

시도와 포기를 반복하는 이유

자극 추구 성향이 강해서 꾸물거리는 사람들이 시도와 포기를 반복하는 이유는, 이를 통해 얻는 이득이 있기 때문이다. 장기적으로 보면 개인의 성장에 도움이 되지 않는 패턴이라도, 그것에 머묾으로써 얻을 수 있는 심리적 효과가 있다.

기존에 하던 일을 미루고 새로운 일을 시작하면 어떤 좋은 점이 있을까? 우선, 자극 추구 성향의 사람들이 잘 참지 못하는 권태감을 피할 수 있다. 게다가 은밀한 만족감이 든다. 답보 상태의 현재 상황을 타파하기 위해 뭔가 했다는 느낌이 든다. 기존에 하던 일은 미룬 셈이지만, 재출발한다는 생각에 나름 뿌듯하고 초조함이 사라지며 안도감도 든다. 무엇보다 흥미가 떨어진 일을 안 해도 된다는 강력한 이점이 있다.

상황이 이렇다 보니, 자극 추구 성향이 강해서 꾸물거리는 사람은 다재다능한 경우가 많다. 얕은 지식을 넓게 형성하는 것이다. 이것저것 시도해본 경험이 풍부하고, 다른 사람들이 해보지 않은 이색적인 도전을 즐긴다.

그렇지만 정작 자기 스스로는 전문 역량이 부족하다고 생각하며 미래에 대한 불안을 느끼기도 한다. 특히 업무와 관련된 영역에서 지속적인 노력이 쌓이지 않아서 실속이 없다는 생각을 한다. '뛰어난 아마추어인 듯하나 전문가는 아닌 것 같다'고 자신을 평가한다. 너무 자주 새로운 프로젝트를 벌이느라 과거에 시도했던 일 대부분이 미결 상태이기 때문이다. 이런 미해결 과제는 사라지지 않고, 남아서 다른 일들을 방해한다. 때때로 무한정 미뤄둔 일들이 생각나면 찝찝하고 심리적 에너지가 분산된다.

미루고 포기하는 습관 때문에 성장이 멈춘 듯한, 뒤처지는 것 같은 정체 모를 불안감이 커질 때, 자극을 추구하는 사람은 급발진하기도 한다. 그 순간 불안해져서 자기계발의 필요성을 크게 느끼기 때문이다. 그래서 자신의 타고난 성향과 잘 맞지 않는 반대 방향으로 행동하려고 한다. 새로운 탐색과 모험을 즐기고 쉽게 각성하는 자신의 기질과는 배치되는, 욕망을 억누를 방법을 급히 고민해보게 되는 것이다.

쉬는 날 하루라도 집에 붙어 있는 건 지루해서 견디지 못하는 사람이, 몇 달 내내 퇴근 후 자격증 시험공부를 하면서 칩거해야겠다고 다짐하는 식이다. 이처럼 극단적인 반대쪽 시소를 타는 것은 불가능에 가깝다. 기질은 타고나는 것이어서 상황에 맞게 조절이 필요할 뿐, 무작정 억눌러야 할 대상은 아니다.

또 다른 방법으로, 자신의 욕구를 통제하고 마음먹은 행동을 유지하기 위해 외적인 보상을 준비하기도 한다. 예를 들어, 다이어트를 위해 5일간 운동하고 식단에 성공하면 하루의 치팅데이를 갖기로 스스로 약속한다. SNS에 다이어트를 시작했다는 사실을 공표하고, 매일 기록을 공유해서 사람들의 응원을 받기로 한다. 특정 목표 분량을 성공적으로 끝마친다면 정말 가지고 싶었던 게임기를 나에게 보상으로 선물하기로 한다.

돈, 선물, 사람들의 인정 같은 외적인 보상은 단기적으로는 효과적이다. 하지만 장기적으로는 외적인 보상이 사라졌을 때, 더 빨리 흥미를 잃게 되는 함정이 있다.[9] 대표적인 예로, 부모가 자녀에게 시험을 잘 보면 상으로 용돈을 주겠다고 약속한다. 용돈이라는 보상은 즉각적으로 동기부여가 되지만, 용돈이 없으면 시험공부를 할 이유도 함께 사라진다. 자녀 입장으로 보면, 용돈이 없는데 그 힘든 공부를 왜 해야 하는지 의미가 없기 때문이다.

나아가, 싫지만 강행했는데 시간이 지나도 만족할 만큼 성적이 오르지 않는다면, 더 이상 가치가 없다고 느껴 완전히 마음의 문을 닫아버리는 상황이 벌어진다. 즉각적이고 외적인 보상에 익숙해졌기 때문에, 자발적인 목표 설정이나 노력의 과정 자체는 시시하다고 느끼게 되는 것이다.

물론 아주 절박한 경우에는 자신의 타고난 성향을 억누르고, 무소의 뿔처럼 계획을 밀고 나갈 수 있을 것이다. 대다수 꾸물거리는 사람이 마감이 코앞인 상황에서만큼은 황급히 일에 몰두하는 것처럼, 그 일의 중요성이 클수록 행동 유지가 좀 더 용이하다. 하지만 일의 중요도가 높지 않거나, 포기의 대가가 치명적이지 않다면, 불도저식 방법은 성공률이 매우 낮아진다. 금욕은 자극 추구 성향이 강한 사람의 라이프스타일에 부합하지 않아서, 자발성을 축소시키기 때문이다.

누구나 스스로 선택한 일에 재미가 더해질 때 의욕을 느낀다. 반면에 단지 일을 마무리 지어야 한다는 압박과 불안감만 커지면 재미가 완전히 사라지면서 자발적인 동기는 줄어들고, 당장 얻을 수 있는 눈앞의 즐거움을 위해 미래의 성장은 나 몰라라 할 가능성이 커진다.

내실을 다지거나, 전문성을 쌓거나, 성장하고 싶을 때 꼭 모든 속세의 욕구를 버리고 산으로 들어갈 필요는 없다. 행동 유지에 성공하기 위해서는 강한 의지도 필요하지만, 나라는 사람의 기질, 생활방식, 가치관이 서로 잘 어우러진 방법을 사용해야 한다.[10] 그래야 지속 가능하기 때문이다.

언젠가는 누구도 잔소리하지 않는다

인간은 왜 유혹에 넘어가게 되는 것일까? 짐짓 철학적인 질문이지만, 많은 발달 및 교육심리학 이론이 이 질문을 시작으로 발전해왔다. 사회는 욕구를 잘 다스리고 인내력이 강한 구성원을 바라지만, 실상 사람들의 모습은 기대에 어긋날 때가 많았기 때문이다. 자기 책임인 일이 있는데도 재미가 없으면 그만두고 싶고, 당장 더 큰 자극을 줄 수 있는 것에 눈을 돌리게 된다.

인간의 본성은 선한데 유혹에 약한 것일까? 혹은 인간은 원래 악해서 유혹에 빠질 수밖에 없는데, 사회의 기대와 규범을 학습하면서 아닌 척 행동하는 것일까? 전자가 사실이라면, 누구나 자기 안에 내재한 선에 따라 행동하기만 하면 유혹을 이길 수 있다. 후자가 사실이라면, 욕망이 인간 본성에 뿌리 깊게 박혀 있기 때문에 완전히 제거할 방법이 없다. 의식적으로 노력해야만 유혹을 이겨낼 수 있다.

성선설인가, 성악설인가? 어떤 관점을 가지느냐에 따라 유혹에 대한 대처가 달라진다. 자극 추구 성향이 매우 강한 청소년의 비행과 범죄의 발생 원인을 설명하는 이론 중에 '사회통제 이론(social control theory)'이 있다.[11] 사회통제 이론은 '왜 모든 사람이 다 규칙을 어기고 범죄를 저지르지는 않는 것일까?'라는 질문을 던진다. 그러니까 이 이론에서는 모든 사람은 규칙을 위반할 가능성을 가지고 있다고 가정한다. 즉, 인간은 보편적으로 일탈의 성향을 가졌기 때문에, 늘 지켜보며 통제해야 한다는 입장이다.

자칫 냉혹하게 들리지만, 범죄의 발생을 통제한다는 면에서 이런 보수적인 접근이 효과적이었다. 막연한 낭만주의로 인간 본연의 선한 의도를 전제하기보다는, 일탈이 발생할 가능성을 인정하고 예방 대책 마련을 촉구한 것이다.

사회통제 이론에 의하면 규칙을 지킬지 말지 여부를 판가름하는 중요한 기준은 '사회적 유대감'이라고 한다. 타인과 사회적으로 연결되어 있다는 느낌이 엇나가지 않도록 통제하는 기능을 한다는 것이다. 사람들은 내가 건전하고 정상적인 원칙이 작동하는 사회에 소속되어 있다고 느낄 때, 그 원칙을 지키려고 한다. 다시 말해, 인간은 틈만 나면 원칙을 어길 준비가 되어 있으나, 건강한 원칙을 가진 사회가 구성원들이 그 원칙을 벗어나지 않도록 통제해준다는 것이다. 유대감이 약화되면 사람은 규칙을 위반하게 된다.

사회통제 이론에서 말하는 사회통제란 교도관의 감시나 통제와는 다르다. 특히 사회통제 기능이 있는 사회적 유대감의 종류는 매우 다양하고 추상적이다. 대표적인 것이 부모와의 유대이다. 부모가 자녀에게 전화를 걸면, "어디야?", "밥은 먹었어?"와 같은 질문을 한다. 부모는 자녀를 감시하기 위해서가 아니라, 어디 있는지, 누구와 있는지, 안전한지 주의를 기울이고 추적한다. 이러한 '관찰'은 긍정적인 양육 행동이며, 자녀의 일상생활에 대한 애정과 관심의 지표이다.

한편, 감시나 통제는 부모가 규칙을 세우고 자녀에게 복종을 요구하는 것, 자녀가 특정 방향으로 행동하도록 직접 지시하는 것이다. 그래서 부모가 관찰을 잘하려면 자녀와 상호작용이 많아야 한다. 평소 부모가 자녀와 감정적인 교류는 잘 하지 않으면서 학원 수업은 마쳤는지, 집에 언제 들어올 생각인지 질문만 많이 한다면, 애정 어린 관심 표현이 아닌 감시 행동으로 느껴지기 십상이기 때문이다. 관찰을 바탕으로 자녀와 부모 간 유대감이 형성되면 자녀들은 부모가 지켜보지 않아도 스스로 적절히 절제하고 규칙을 지키려고 애쓴다. 마음속에 관찰자가 생긴 것이다.

유혹에 쉽게 흔들리는 자극 추구 성향의 사람들은 때로 차라리 누군가가 자신을 감시하고 옆길로 새지 못하게 통제해주었으면 좋겠다고 말하곤 한다. 스스로의 힘으로 행동을 통제하기 어렵다 보니, 외적 통제가 있으면 다르지 않을까 기대를 하게 되는 것이다. 이런 외적 통제는 사회적으로 정당하다고 여겨지는 것을 따르는 것인데, 어린아이는 부모 등 권위 있는 어른이 합당하다고 주입한 규칙을 무작정 따라 하듯이 지키기도 한다.

하지만 아이가 심리적으로 건강하게 자라려면, 외적 통제를 서서히 자신의 것으로 만들며 부모로부터 독립해야 한다. 이는 마음속 관찰자가 자기 고유의 정체성을 가지고 성숙하는 과정이다. 이것을 '내적 통제'라고 한다. 더 이상 무작정 외부의 규칙을 따르지 않는다. 오히려 외압에 못 이겨 어떤 일을 하면 비참함을 느낀다. 우리는 안정감을 주는 사회적 유대 속에서 다양한 규칙과 원칙을 접하고, 그중 나의 가치관과 잘 맞는 것들을 모아 일종의 내적 통제 시스템을 구축한다.

"미루면 안 돼."

"성실함이 필요해."

"꾸준한 사람에게 신뢰가 가는 법이야."

이런 마음속 원칙들은 눈에 보이지도 않고, 때로는 너무 당연해서 의식하지 못하기도 한다. 하지만 이미 심리적 내적 통제 시스템이 존재한다. 내적 통제 시스템은 내 행동을 마음속 원칙과 계속해서 비교한다. 우리는 내적인 통제 원칙에 따라 유혹을 뿌리치고, 지겨운 것도 참아내는 인내를 발휘하게 된다. 그래서 자신의 원칙에 따라 행동하면 만족감을 느끼지만, 그렇지 않으면 죄책감을 느끼거나 자신을 질책하게 되는 것이다. 죄책감은 마음속 관찰자가 나의 행동이 원칙에 합당하지 않다고 보내는 일종의 경고다.

'미루지 않는다. 지금 한다'와 같은 규칙을 지키려면, 하고자 하는 일과 나의 내적 통제 시스템 간의 연결고리가 필요하다. 독서 습관을 예로 들어보자. 가타부타 '매일 자기계발서 20페이지 읽기'라는 새로운 규칙을 세운 다음, 자신의 행동을 맞추려고 하면 습관이 될 수 있을까?

책을 읽지 않는다고 해서 사회적으로 물의를 일으키거나 파국으로 이어지진 않는다. 미뤄도 위험 부담이 크지 않다. 좋은 습관을 만들자는 것이지, 교도관이 수용자를 관리하듯 강제할 수 있는 것이 아니다. 책 읽기 규칙은 일반적으로 좋은 습관이지만, 정작 그것이 나에게 왜 필요한지, 그 의미를 스스로 발견할 수 없다면 내적 통제 시스템은 교도관이 되어 나를 강제할 뿐이다. 다들 하니까, 뭔가 그래야 할 것 같아서 세운 계획일수록 더욱, 유혹을 뿌리치고 규칙으로 자신을 통제해야 할 명분도 떨어진다.

주어진 과제를 미루지 말고, 차근차근 해보자는 원칙이 나의 내적 통제 시스템과 유의미하게 연결되어야 한다. 나는 어떤 사람이 되고 싶을까? 내 귀하고 소중한 시간을 어떻게 사용하고 싶을까? 내가 이 일을 하는 것이 어떤 의미가 있을까? 교도관이 아닌 내면의 관찰자가 되어 이런 중요한 질문에 답해보자.

나의 내적 성장 동기와 연관되지 않는, 찰나의 호기심으로 선택한 일이라면, 지금 과감하게 그만두고 더 이상 불편을 감수할 필요가 없다. 그러나 내면의 목소리로부터, 내가 그 일을 하려는 진정한 동기와 의미를 발견했다면, '나는 게으르다, 능력이 부족하다, 시간도 없고 피곤하다'와 같은 변명들에 쉽게 굴복해서는 안 된다. 무턱대고 재촉하지 않는 현명한 자제력이 필요하다.

내면의 목소리로부터 진정한 동기와 의미를 발견했다고 해도 과제를 지속하는 데는 여전히 어려움이 있을 수 있다. 보통 '포기할까?' 하는 유혹에 빠질 때는 항상 '왜 그 일을 하지 말아야 하는가?'에 대한 합리화가 따라온다. '해봤자 소용없을 것 같은데,

해도 안 될 것 같은데, 어차피 내 능력 밖인데'와 같은 생각이 발목을 잡는다. 의심과 망설임, 그리고 두려움이 일을 미뤄도 되는 합리적인 구실을 찾아낸다.

특히 나의 능력을 증명하는 것이 목표가 될수록 포기는 빨라진다.[12] 아무것도 하지 않으면 실패하지 않을 것이다. 실패하지 않았으니 나는 무능하지도 않다. 내가 유능한지 증명되지는 않았지만, 여전히 잠재력이 있는 상태로 머무를 수 있다. 변화에 도전하면 성공 여부가 불확실하지만, 꾸물거리고 후퇴하면 확실히 안전하다.

그래서 미뤄도 될 것 같고, 지금은 적절한 때가 아니라는 기분을 절대적으로 믿어서는 안 된다. 유혹에 저항하고 자제력을 발휘해서 이루고 싶은 나의 모습을, 이 과제를 해야 하는 이유를 더욱 분명하게 되새길 필요가 있다. 그럴 때 우리는 노력을 이어갈 수 있을 뿐 아니라, 노력의 효과를 배가시킬 수 있을 것이다.

다 같은 재미가 아니다

자극 추구 성향이 높고 재미가 없어서 일을 미룬다면, 핵심은 '흥미 유지'일 것이다. 마음이 끌려야 계속 관심을 가질 수 있기 때문이다. 여기서 말하는 흥미와 재미는 단순한 오락거리보다 훨씬 깊은 개념이다.

인간은 본능과 이성을 동시에 지닌 존재이다. 우리의 뇌 구조가 그 증거이다. 이 책의 2장에서 언급한 이중 시스템 이론에서도 여실히 나타난다. 시스템 1은 빠르고 자동적인 본능을 담당하며, 시스템 2는 신중하고 의식적인 이성을 담당한다. 이 두 시스템은 끊임없이 신호를 주고받으며 상호작용한다. 그래서 만약 우리가 정말 원시적 쾌락, 감정적인 재미만으로 충분했다면, 일을 미루면서 문제라고 느끼지 않았을 것이다.

우리가 바라는 그 재미가 쾌락만을 의미하는 것이 아니라면, 나만의 내적 통제 시스템을 가동시킬 수 있는 그 '재미'란 어떤 모습일까?

재미는 크게 세 가지로 구분할 수 있다. 첫 번째로 감정적 재미는 즐거움, 새로움, 기쁨처럼 긍정적인 정서를 느끼는 것이다.

어떤 일을 처음 시작할 때 느끼는 감정과도 유사하다. 사랑을 시작했을 때의 설렘과 같다.

두 번째 인지적 재미는 새롭게 배운 것을 이용해서 문제를 해결하거나, 이미 알고 있는 지식을 사용해서 새로운 것을 능동적으로 유추하면서 느끼는 재미다. 새로 배운 기술을 사용해서 업무 과제를 마쳤을 때 느끼는 자부심도 인지적 재미에 속한다. 퍼즐을 풀거나 추리소설을 읽으면서 범인을 맞췄을 때 느끼는 짜릿함도 생각해볼 수 있다.

세 번째는 사람들과 함께할 때 느끼는 사회적 재미다. 여러 사람이 협력해서 하나의 과제를 마치거나, 운동 경기를 할 때처럼 서로 겨루고 경쟁하면서 느끼는 재미다.

이처럼 새로운 자극이 주는 신선함 외에도 다양한 긍정적인 감정이 있을 수 있고, 문제 해결을 하는 재미, 사람들과 함께할 때의 재미 등 다양한 요소들이 있다. 재미의 개념을 확장하고 새로운 재미를 발견해낼 수 있다면, 재미도 없는데 억지로 계속해야 한다는 갑갑한 느낌이 줄어든다.

세상에는 재밌는 일이 정말 많고, 인간은 언제나 보물찾기처럼 그 재미들을 발견해낼 수 있다. 아름다움과 심미적 요소, 새로운 세계로 빠져드는 듯한 몰입감, 지적인 문제 해결, 경쟁, 사람들과의 교류, 유머, 스릴, 기존의 것을 보완해서 새로운 것을 창조하는 즐거움, 성장하는 기쁨, 익숙한 것에서 새로운 것을 발견하는 재미도 있다.[13] 특히 나를 새롭게 알게 되는 것도 즐거운 일이다. 나에겐 어떤 재미가 있을까?

처음에는 재미있어서 시작했으나, 결국 재미 때문에 그만두었다. 지금까지 일을 시작하게 하고 그만두게 한 '재미'가 새로움에 대한 설렘과 흥분이었다면, 이제는 더 다양한 재미를 발굴해보자. 생각 외로 다양한 재미가 있을 수 있다. 일을 미루다 포기하지 않고, 그 일 안에서 추구할 수 있는 다채로운 재미를 발견하는 것이 행동 유지를 도울 것이다. 신선함이 사라져도 성취의 기쁨이 있을 수 있고, 점점 성장하는 자신을 발견했을 때의 뿌듯함도 있을 수 있다.

같은 일을 다르게 해보는 발상의 전환도 가능하다. 영어 회화 공부를 마음먹었을 때의 상황으로 돌아가, 영어 드라마를 보면서 회화를 익히는 것에 시들해졌다면, 지역 회화 모임에 나가볼 수도 있고, 외국인 대상 봉사 활동에 참여하거나, 전화 영어 서비스 등을 이용해볼 수도 있다.

중요한 건 그 프로젝트를 계속해나가는 것이다. 가용한 자원들을 활용해서 여러 재미를 탐구하다 보면, 나에게 특히 잘 맞는 방법을 만나게 되고, 더 창의적인 방법으로 발전시킬 수도 있다. 이렇게 나만 느낄 수 있는 다양한 재미가 과제에 대한 흥미를 유지할 수 있도록 도울 것이다.

그냥 어떻게 하라고 알려주면 안 되나요?

꾸물거림으로 고민이 깊어지면, 사람들은 흔히 "당신이라면 어떻게 하겠어요?"라고 타인에게 조언을 구한다. 미루는 습관을 고치는 필살기를 온라인에서 검색하거나 좋은 습관을 만들어준다는 책을 찾아서 읽기도 한다. 하지만 여기에는 '변화의 모순'이 있다. 꾸물거림을 개선하고 변하고 싶어 하지만, 막상 조언을 들으면 하기 싫어서 머뭇거리게 된다.

한창 '해야 되는데' 하면서 꾸물거릴 때, 누군가가 나타나서 "이제부터는 미루면 안 됩니다. 지금 바로 시작하세요"라고 말했다고 상상해보자. 사람은 보통 하고 싶은 것을 못 한다는 제약이 생기면, 갑자기 자신의 자유를 크게 외쳐 주장하고 싶어지고, 안 해도 되는 이유를 찾게 되고, 반발심이 생기기도 한다.[1]

그래서 심리학, 행동과학 분야의 연구자들은 강요하지 않고, 의도와 행동을 효과적으로 연결하고자 노력해왔다. 연구 결과, 여러 훌륭한 방법을 밝혀냈다. 그리고 그 방법이 우리가 이미 '알고 있다'고 말하는 것들이기도 하다. 하지만 그간의 경험으로 잘 알다시피, 변화를 이루기 위해 '이렇게 하세요, 저렇게 하세요'식의 행동 조언이 필요한 것은 아니다.

이와 관련해서 영국에서 '디스크 월드'라는 판타지 소설 연작을 29권이나 집필하며, 최고의 인기를 구가해온 소설가 테리 프래쳇(Terence David John Pratchett)은 이렇게 말한 바 있다.

"우리가 누군가에게 조언을 요청하는 것은 그 조언을 듣고 싶어서가 아닙니다. 자신이 스스로에게 조언을 하는 상황에 그 사람이 함께 있기를 바라는 것입니다."

프래쳇의 말처럼, 사람들은 일반적으로 조언을 원하지 않는다. 다만 스스로 결심하고, 스스로 이야기하고, 방법을 찾아가는 동안 누군가 자신의 곁에 함께 있어주기를 바란다. 조언을 구한다는 것은 현재 강력한 불편함이 있어서 달라지길 원한다는 소망을 반영하는 것뿐이다.

그래서 이 책은 직접적인 행동 지침을 제공하는 대신, 스스로 장기 목표에 집중하고, 자신에게 잘 맞는 방법을 찾아갈 수 있도록 '나는 왜 꾸물거릴까?'라는 '이유'에 자신이 대답하고, 명확하게 이해하도록 하는 데 주안점을 두었다.

'꾸물거림'이라는 교착 상태에 빠지게 되는 이유 다섯 가지를 요약하면 다음과 같다. 일에 필요한 노력의 총량을 축소하는 '비현실적 낙관주의', 자신을 불신하고 자기 능력을 평가절하하는 '자기 비난', 욱하는 마음에 일을 미루는 '저항성', 기준이 너무 높아서 실제로 시도할 엄두를 내지 못하는 '완벽주의', 그리고 새로운 도전은 잘 하지만 흥미가 떨어지면 중도 포기해버리는 '자극 추구 성향'이다.

다시 한번 강조하지만, 이 특성들은 서로 중첩될 수 있다. 또한, 한 사람이 동시에 여러 이유로 꾸물거릴 수도 있고, 상황마다 꾸물거리는 이유가 달라질 수도 있다. 사람의 마음은 복잡하게 얽혀 있고, 세상은 역동적이라 단일한 특성으로만 설명하기는 어렵기 때문이다.

할지 말지, 양가감정을 느끼는 혼란 속에서 모든 것을 다 시도해볼 수는 없겠지만, 적어도 몇 가지 새로운 가능성을 실험해볼 수는 있다. 즉, 할까 말까 망설이며 갈등하는 양가감정을 긍정적인 변화의 방향으로 기울여보는 것이다. 우리는 전진과 후퇴를 반복하면서 천천히 그러나 계속 나아가며 변화한다. 예를 들어, 금연에 완전히 성공하기까지 사람들은 평균적으로 3~4회 정도 금연을 시도하는데,[2] 이는 평균이므로 넉넉하게 6번에서 7번의 전진과 후퇴가 필요할 수도 있다. 시도할 때마다 금연 성공을 향해 조금씩 다가가는 셈이다.

변화의 과정에서 전진과 후퇴가 반복되는 것은 자연스러운 현상이다. 내가 꾸물거리는 이유를 이해하고 이런저런 방법을 시도해봄으로써 나의 삶의 지향에 잘 어울리는 방법을 찾는 것이 꾸물거림에 성공적으로 대처하는 길이다.

우리 자신이 바로 우리가 찾는 변화다

꾸물거림을 해결하는 것은 무에서 유를 창조하는 과정이 아니다. 이미 나에게 있는 것을 불러내는 것이다. 꾸물거림에 대한, 그리고 나에 대한 생각의 변화가 행동 변화로 이어진다. 그러면 내가 변화하고 있다는 것을 어떻게 알 수 있을까? 변화는 '자기와의 대화(self-talk)'에서 나타난다.

꾸물거림을 해결하고 싶어 하는 사람들은 변화에 찬성하기도 하고 반대하기도 한다. 변화하고 싶은 마음과 지금 현 상태를 유지하고 싶은 마음을 동시에 품고 있는 것이다. 동기 강화 상담의 대가 윌리엄 밀러(William R. Miller)는 이를 각각 '변화 대화'와 '유지 대화'라고 명명했다.[2] 변화 대화와 유지 대화는 자기와의 대화, 또는 타인과의 대화 속에서 다음과 같은 모습으로 나타난다.

단계	변화 대화	유지 대화
열망	살을 빼고 싶어요.	아무 때나 먹고 싶은 걸 원 없이 먹고 싶어요.
가능성	이 정도 식단과 운동은 할 수 있을 것 같아요. 적당해 보여요.	운동할 시간이 없고, 해봤자 어차피 요요가 와요.
결심 공약	일주일에 5일은 식단을 하고, 주말엔 일반식의 양을 조절 하려고 해요. 그리고 매일 운동 시간을 확보하려고 해요.	다이어트, 할 만큼 했어요. 이제 안 할 거예요.
행동 활성화	해봐야겠어요!	하고 싶은 기분이 안 들어요.
실천하기	어제 해봤는데, 괜찮았어요. 저한테 잘 맞는 것 같아요.	식단과 운동 계획표를 없애버렸어요.

자기 대화에서 유지 대화가 많으면 현상이 유지되고, 변화 대화가 많으면 행동이 변화한다. 양가감정을 느낄 때는 마음속에 변화 대화와 유지 대화가 뒤섞여 있다. 이러한 변화 대화가 진행되

고 있다는 것을 '인식'하는 것이 중요하다.

변화 대화의 단계

변화 대화의 단계는 위 그림처럼 언덕을 올랐다가 내려오는 과정과도 유사하다. 처음에는 오르막을 걷는 것처럼 힘들지만, 변화 대화에 무게가 실릴수록 내리막에 접어들어 한결 수월해진다. '한번 해봐야겠다'는 행동 활성화 언어가 나타나고, 실제 행동으로 이어지는 것이다. 물론 내려가는 길에 미끄러질 수도 있고, 의심스러울 수도 있고, 두려울 수도 있다. 그럼에도 불구하고, 우리가 주목해야 할 것은 우리가 변화의 과정 속에 있다는 점이다.

의식적으로 변화 대화에 집중하는 것만으로도 이미 변화는 시작된 것이나 다름없다. 뇌 영상 연구 결과도 이를 뒷받침한다.[3] 음주에 관한 유지 대화는 뇌 영역 중 특히 도파민이 관련된 핵심 보상 회로를 활성화시킨다. 도파민은 쾌감을 주는 술을 찾아 마시도록 행동을 자극하는 물질이다. 즉, 유지 대화를 할 때 술을 마실 때의 쾌락 채널이 활성화되는 것이다. 쾌락 채널은 자동적이다. 그래서 자기 대화를 수동적으로 가만히 두면 유지 대화가 많아져 현상 유지를 하게 된다.

반면에 변화 대화는 이러한 보상 회로와 관련이 없었다. 그러니까 우리가 의식적으로 마음속의 변화 언어에 귀를 기울이는 것은 쾌락 추구를 뛰어넘는 인간 고유의 능력이자, 그 자체로 고무적인 일이다. 우리는 자신의 '말'로 인해 변화한다. 변화 대화가 많아질수록 행동이 변화한다. 심지어 중독성 강한 약물 남용을 중단하겠다는 결심 공약을 포함한 변화 대화가 많을수록 약물 중단에 성공할 가능성이 커진다.[4]

사람들은 변화할지 말지를 결정할 때 변화 대화를 사용하기 때문에, 자기 대화 속에서 변화 대화를 인지하도록 주파수를 잘 맞추는 것이 중요하다. 꾸물거릴지 말지 고민이 될 때는 조용한 시간을 갖고, 자기 자신과 대화를 해보는 것이다. 그러면 내가 어떤 이유로, 무엇 때문에 꾸물거리는지 깨달을 수 있다. 그 모습을 받아들이면 꾸물거림을 멈추는 것이 더 쉬워진다.

나 자신을 받아들이면서 변화 대화에 무게가 실리면, 마음속 갈등이 완화된다. 그리고 이렇게 변화를 향해 전진하는 것은 진심으로 즐거운 일이다. 사소한 변화라도, 당신 스스로 이루어낸 그 변화에 함께할 수 있다면 저자들도 기쁠 것이다. 변화는 스스로 만들어내는 것이고, 이때 가장 도움이 되는 것은 바로 변화를 원하는 자신의 목소리에 대한 자각이다.

> 우리 자신이 바로 우리가 기다리던 사람이다.
>
> 우리 자신이 바로 우리가 찾는 변화다.
>
> **– 버락 오바마(Barack Obama)**

참고문헌

1장 – 사람들은 왜 꾸물거릴까?

1 Lay, C. H. (1987). A modal profile analysis of procrastinators: A search for types. *Personality and Individual Differences, 8*(5), 705-714.

2 **습관: 할 일을 미루는 습관…감정을 담당하는 뇌와 연관**. (2018.08.26). BBC NEWS 코리아. https://www.bbc.com/korean/international-45320592

3 Sanchez-Roige, S., Gray, J. C., MacKillop, J., Chen, C. H., & Palmer, A. A. (2018). The genetics of human personality. Genes, *Brain and Behavior, 17*(3), https://doi.org/10.1111/gbb.12439

4 Bauman, Z. (1999). Modern adventures of procrastination. *Parallax, 5*(1), 3-6.

5 Buchanan, L. P. (2019). *A Clinician's Guide to Pathological Ambivalence: How to be on Your Client's Side Without Taking a Side*. TPI Press.

6 Gollwitzer, P. M. (1990). Action phases and mind-sets. In E. T. Higgins & R. M. Sorrentino (Eds.), *Handbook of motivation and cognition* (Vol. 2, pp.53-92). The Guildford Press.

7 Pinto-Gouveia, J., Cunha, M. I., & do Céu Salvador, M. (2003). Assessment of social phobia by self-report questionnaires: The social interaction and performance anxiety and avoidance scale and the social phobia safety

behaviours scale. *Behavioural and Cognitive Psychotherapy*, 31(3), 91-311.

8 허효선 (2022). 「지연행동의 단계별 심리적 특성 탐구: 지연행동 5단계 척도의 개발 및 단계별 조절 프로그램의 효과 검증」. 서울대학교 대학원 박사학위 논문.

9 Flett, A. L., Haghbin, M. & Pychyl, T. A. (2016). Procrastination and depression from a cognitive perspective: An exploration of the associations among procrastinatory automatic thoughts, rumination, and mindfulness. *Journal of Rational-Emotive & Cognitive-Behavior Therapy, 34*(3), 169 -186.

10 Moon, S. M., & Illingworth, A. J. (2005). Exploring the dynamic nature of procrastination: A latent growth curve analysis of academic procrastination. *Personality and Individual Differences, 38*(2), 297-309.

11 Miller, W.R. & Rollnick, S.(2002). *Motivational interviewing* (2nd ed.). Guilford Press.

12 Elliot, A. J., & Covington, M. (2001). Approach and avoidance motivation. *Educational Psychology Review, 13*(2), 73-92.

13 Hayes, S. C., & Wilson, K. G. (1994), Acceptance and commitment therapy: Altering the verbal support for experiential avoidance, *The Behavior Analyst, 17*(2), 289-303.

14 Segal, Z. V., Williams, J. M. G., & Teasdale, J. D. (2002), *Mindfulness-based cognitive therapy for depression: A new approach to preventing relapse*, Guilford Press.

2장 – 비현실적 낙관주의

1 Alicke, M. D. (1985). Global self-evaluation as determined by the desirability and controllability of trait adjectives. *Journal of Personality and Social Psychology, 49*(6), 1621-1630.

2 Cummins, R. A., & Nistico, H. (2002). Maintaining life satisfaction: The role of

positive cognitive bias. *Journal of Happiness Studies: An Interdisciplinary Forum on Subjective Well-Being, 3*(1), 37–69.

3 Cutrona, C. E., & Suhr, J. A. (1992). Controllability of stressful events and satisfaction with spouse support behaviors. *Communication Research, 19*(2), 154–174

4 Brown, J. D., & Siegel, J. M. (1988). Attributions for negative life events and depression: The role of perceived control. *Journal of Personality and Social Psychology, 54*(2), 316–322.

5 Smith, T. W., Ruiz, J. M., Cundiff, J. M., Baron, K. G., & Nealey-Moore, J. B. (2013). Optimism and pessimism in social context: An interpersonal perspective on resilience and risk. *Journal of Research in Personality, 47*(5), 553-562.

6 매일경제 (2021). **잡코리아, 경력 몇 년차부터 '프로 직장인'일까?** (2021.11.08.)

7 LG주간경제 (2005). **과신오류(Overconfidence Effect).** (2005.07.08.)

8 Daniel Kahneman (2012). 『생각에 관한 생각: 우리의 행동을 지배하는 생각의 반란*(Thinking Fast and Slow)*』. (이진원 역). 서울: 김영사

9 Sigall, H., Kruglanski, A., & Fyock, J. (2000). Wishful thinking and procrastination. *Journal of Social Behavior and Personality*, 15(5), 283-296.

10 오미영, 박찬빈, 고영건 (2010). 「긍정적 환상 신드롬에 대한 분석: 『시크릿』의 비밀」. **담론, 13**(1), 123-150.

11 Taylor, S. E., & Gollwitzer, P. M. (1995). Effects of mindset on positive illusions. *Journal of Personality and Social Psychology, 69*(2), 213–226.

12 Theodorakis, Y., Weinberg, R., Natsis, P., Douma, I., & Kazakas, P. (2000). The effects of motivational versus instructional self-talk on improving motor performance. *The Sport Psychologist, 14*(3), 253-271.

13 Radcliffe, N. M., & Klein, W. M. (2002). Dispositional, unrealistic, and comparative optimism: Differential relations with the knowledge and processing of risk information and beliefs about personal risk. *Personality and Social Psychology Bulletin, 28*(6), 836-846.

14 Ericsson, K. A., Roring, R. W., & Nandagopal, K. (2007). Giftedness and

evidence for reproducibly superior performance. *High Ability Studies, 18*(1), 3-56.

15 조선비즈 (2017). **[Managing Yourself: 뇌 능력 끌어올리는 3가지 방법]하루 2시간 몰입하기…'25분 업무·5분 휴식' 반복, 뇌가 집중한다.** (2023.05.21.)

3장 - 자기 비난 경향성

1 Cox, B. J., Clara, I. P., & Enns, M. W. (2009). Self-criticism, maladaptive perfectionism, and depression symptoms in a community sample: A longitudinal test of the mediating effects of person-dependent stressful life events. *Journal of Cognitive Psychotherapy, 23*(4), 336-349.

2 Zuroff, D. C. (1992). New directions for cognitive models of depression. *Psychological Inquiry, 3*(3), 274-277.

3 Gilbert, P. (2009). Introducing compassion-focused therapy. *Advances in psychiatric treatment, 15*(3), 199-208.

4 Lueke, N., & Skeel, R. (2017). The effect of self-criticism on working memory in females following success and failure. *Personality and Individual Differences, 111*, 318-323. https://doi.org/10.1016/j.paid.2017.02.035

5 이성민, 김정규 (2017). 「대학생의 평가염려 완벽주의와 학업지연행동의 관계에서 회피-분산적 정서조절양식의 매개효과」. **청소년학연구, 24**(8), 83-10.

6 Forrester, J. W. (1961). *Industrial Dynamics*. MIT Press.

7 Lee, H., Padmanabhan, V., & Whang, S. (1997). Information distortion in a supply chain: The bullwhip effect. *Management Science, 43*(4): 546-558.

8 Tangney, J. P., Boone, A. L., & Dearling, R. (2005). Forgiving the self: Conceptual issues and empirical findings. In E. L. Worthington Jr. (Ed.), *Handbook of forgiveness* (pp. 143-158). New York, NY: Routledge.

9 Barber, B. K. (1996). Parental psychological control: Revisiting a neglected construct. *Child Development, 67*(6), 3296-3319.

10 Ryan, R. M., & Deci, E. L. (2000). Self-determination theory and the facilitation of intrinsic motivation, social development, and well-being. *American Psychologist, 55*(1), 68–78.

11 Lewis, M. (1992). Self-conscious emotions and the development of self. In T. Shapiro & R. N. Emde (Eds.), *Affect: Psychoanalytic perspectives* (pp. 45–73). International Universities Press, Inc.

12 Tangney, J. P., & Fischer, K. W. (Eds.). (1995). *Self-conscious emotions: The psychology of shame, guilt, embarrassment, and pride*. Guilford Press.

13 Nolen-Hoeksema, S. (1991). Responses to depression and their effects on the duration of depressive episodes. *Journal of Abnormal Psychology, 100*(4), 569–582.

14 Higgins, E. T. (1998). Promotion and prevention: Regulatory focus as a motivational principle. *In Advances in experimental social psychology* (Vol. 30, pp. 1-46). Academic Press.

15 Blatt, S. J., & Zuroff, D. C. (1992). Interpersonal relatedness and self-definition: Two prototypes for depression. *Clinical Psychology Review, 12*(5), 527–562.

4장 - 현실에 대한 저항성

1 Ryan, R. M., & Deci, E. L. (2000). Self-determination theory and the facilitation of intrinsic motivation, social development, and well-being. *American Psychologist, 55*(1), 68–78.

2 Deci, E. L., Olafsen, A. H., & Ryan, R. M. (2017). Self-determination theory in work organizations: The state of a science. *Annual Review of Organizational Psychology and Organizational Behavior, 4*, 19-43. https://doi.org/10.1146/annurev-orgpsych- 032516-113108

3 Wallston, K. A., Wallston, B. S., Smith, S., & Dobbins, C. J. (1987). Perceived control and health. *Current Psychological Research and Reviews, 6*(1), 5-25.

4 Gladwin, T. E., & Figner, B. (2014). "Hot" cognition and dual systems: Introduction, criticisms, and ways forward. In E. A. Wilhelms, & V. F. Reyna (Eds.), *Neuroeconomics, judgment, and decision making* (pp. 157-180). Psychology Press.

5 W Miskowiak, K., & F Carvalho, A. (2014). 'Hot'cognition in major depressive disorder: A systematic review. *CNS & Neurological Disorders-Drug Targets (Formerly Current Drug Targets-CNS & Neurological Disorders), 13*(10), 1787-1803.

6 Dryden, W. (2012). Dealing with procrastination: The REBT approach and a demonstration session. *Journal of Rational-Emotive & Cognitive-Behavior Therapy, 30*(4), 264-281.

7 Tangney, J. P. (1994). The mixed legacy of the superego: Adaptive and maladaptive aspects of shame and guilt. In J. M. Masling & R. F. Bornstein (Eds.), *Empirical perspectives on object relations theory* (pp. 1-28). American Psychological Association.8) McCann, J. T. (1988). Passive-aggressive personality disorder: A review. *Journal of Personality Disorders, 2*(2), 170-179.

9 머니투데이 (2016). **삼성맨이 꼽은 직장 내 악습은? '非매너 행동·폭언'**. (2016.01.19.)

10 Salmela-Aro, K., Tolvanen, A., & Nurmi, J.-E. (2009). Achievement strategies during university studies predict early career burnout and engagement. *Journal of Vocational Behavior, 75*(2), 162-172.

11 Solomon, L. J., & Rothblum, E. D. (1984). Academic Procrastination: Frequency and Cognitive-Behavioral Correlates. *Journal of Counseling Psychology, 31*(4), 503-509.12) Knaus, W. J. (2002). *The procrastination workbook: Your personalized program for breaking free from the patterns that hold you back*. New Harbinger.

13 Clore, G. L., & Storbeck, J. (2006). Affect as information about liking, efficacy, and importance. In J. P. Forgas (Ed.), *Affect in social thinking and behavior* (pp. 123-141). Psychology Press.

14 Schwarz, N., & Clore, G. L. (1996). Feelings and phenomenal experiences. In E. T. Higgins & A. W. Kruglanski (Eds.), *Social psychology: Handbook of basic principles* (pp. 433-465). The Guilford Press.

15 Schwarz, N. (2000). Emotion, cognition, and decision making. *Cognition and Emotion, 14*(4), 433-440.

16 Ferrari, J. R. (1991). Compulsive procrastination: Some self-reported characteristics. *Psychological Reports, 68*(2), 455-458.

17 Spada, M. M., Nikčević, A. V., Moneta, G. B., & Wells, A. (2008). Metacognition, perceived stress, and negative emotion. *Personality and Individual Differences, 44*(5), 1172-1181.

18 Campbell-Sills, L., Barlow, D. H., Brown, T. A., & Hofmann, S. G. (2006). Effects of suppression and acceptance on emotional responses of individuals with anxiety and mood disorders. *Behaviour research and therapy, 44*(9), 1251-1263.

19 Gratz, K. L., & Roemer, L. (2004). Multidimensional assessment of emotion regulation and dysregulation: Development, factor structure, and initial validation of the difficulties in emotion regulation scale. *Journal of Psychopathology and Behavioral Assessment, 26*(1), 41-54.

20 Gratz, K. L., & Gunderson, J. G. (2006). Preliminary data on an acceptance-based emotion regulation group intervention for deliberate self-harm among women with borderline personality disorder. *Behavior Therapy, 37*(1), 25-35.

21 McCulliss, D. (2012). Bibliotherapy: Historical and research perspectives. *Journal of Poetry Therapy, 25*(1), 23-38.

22 유은영, 손정락 (2013). 「긍정 심리치료가 우울경향이 있는 청소년의 행복감, 낙관성, 무망감 및 우울에 미치는 효과」. **한국심리학회지: 건강, 18**(4), 669-685.

5장 – 완벽주의 성향

1 Freudenberger, H. (1974). Staff burnout. *Journal of Social Issues, 30*, 159-165. http://dx.doi.org/10.1111/j.1540-4560.1974.tb00706.x

2 Flett, G. L., & Hewitt, P. L. (2006). Positive versus negative perfectionism

in psychopathology: A comment on Slade and Owen's dual process model. *Behavior Modification, 30*(4), 472-495.

3 Gaudreau, P. (2012). A methodological note on the interactive and main effects of dualistic personality dimensions: An example using the 2 x 2 model of perfectionism. *Personality and Individual Differences, 52*(1), 26-31.

4 Gaudreau, P., & Thompson, A. (2010). Testing 2×2 model of dispositional perfectionism. *Personality and Individual Differences, 48*(5), 532-537.

5 Flett, G. L., Blankstein, K. R., Hewitt, P. L., & Koledin, S. (1992). Components of perfecitonism and procrastination in college students. *Social Behavior and Personality: An International Journal, 20*(2), 85-94.

6 Hamachek, D. E. (1978). Psychodynamics of normal and neurotic perfectionism. *Psychology, 15*(1), 27-33.

7 Missildine, W. H. (1963). Perfectionism-If you must strive to "do better." In W. H. Missildine (Ed.), *Your inner child of the past* (pp. 75-90). New York: Pocket Books.

8 Flett, G. L., Hewitt, P. L., Oliver, J. M., & Macdonald, S. (2002). Perfectionism in children and their parents: A developmental analysis. In G. L. Flett & P. L. Hewitt (Eds.), *Perfectionism: Theory, research, and treatment* (pp. 89-132). American Psychological Association.

9 Burhans, K. K., & Dweck, C. S. (1995). Helplessness in early childhood: The role of contingent worth. *Child Development, 66*(6), 1719-1738.

10 Flett, G. L., Hewitt, P. L., & Singer, A. (1995). Perfectionism and parental authority styles. *Individual Psychology: Journal of Adlerian Theory, Research & Practice, 51*(1), 50-60.

11 Burka, J. B., & Yuen, L. M. (1983). *Procrastination: Why you do it and what to do about it.* Reading, PA: Addison-Wesley.

12 Ferrari, J. R. (1991). Procrastination and project creation: Choosing easy, nondianostic items to avoid self-relevant information. *Journal of Social Behavior and Personality, 6*(3), 619-628.

13 Lamia, M. (2017). *What motivates getting things done: Procrastination, emotions, and success*. Rowman & Littlefield.

14 Smith, M. M., Sherry, S. B., Saklofske, D. H., & Mushqaush, A. R. (2017). Clarifying the perfectionism-procrastination relationship using a 7-day, 14-occasion daily diary study. *Personality And Individual Differences, 112*, 117-123. http://dx.doi.org/10.1016/j.paid.2017.02.059

15 Higgins, E. T. (1987). Self-discrepancy: A theory relating self and affect. *Psychological Review, 94*(3), 319-340.

16 Miller, W. R., & Rollnick, S. (2012). *Motivational interviewing: Helping people change*. Guilford press.

17 Higgins, E. T. (1998). Promotion and prevention: Regulatory focus as a motivational principle. *In Advances in experimental social psychology* (Vol. 30, pp. 1-46). Academic Press.

18 Freitas, A. L., & Higgins, E. T. (2002). Enjoying goal-directed action: The role of regulatory fit. *Psychological science, 13*(1), 1-6.

19 Flett, G. L., Hewitt, P. L., Davis, R. A., & Sherry, S. B. (2004). Description and Counseling of the Perfectionistic Procrastinator. In H. C. Schouwenburg, C. H. Lay, T. A. Pychyl, & J. R. Ferrari (Eds.), *Counseling the procrastinator in academic settings* (pp. 181-194). American Psychological Association.

6장 - 자극 추구 성향

1 조선일보 (2017). **작심삼일, 인간의 4000년 된 버릇이었다.** (2017.01.02.)

2 Cloninger, C. R., Przybeck, T. R., Svrakic, D. M., & Wetzel, R. D. (1994). *The Temperament and Character Inventory (TCI): a guide to its development and use*. Missouri: Washington University.

3 Zuckerman, M. (1979). *Sensation seeking: Beyond the optimal level of arousal*. Hillsdale, NJ: Erlbaum.

4 Zuckerman, M. (2007). *Sensation seeking and risky behavior.* Washington, DC: American Psychological Association.

5 이선로, 노웅철 (2006). 「사용자의 특성이 온라인 게임 충성도에 미치는 영향에 관한 연구: 자극추구성향을 중심으로」. **경영학연구, 35**(4), 1105-1130.

6 하명애 (2020). 「영어 저성취 대학생의 그릿과 영어 학습 동기 탐색」. **대한영어영문학, 46**(1), 237-264.

7 Oyama, S. C. (1979). The concept of the sensitive period in developmental studies. *Merrill-Palmer Quarterly, 25*(2), 83-103.

8 Jonnson, J. S., & Newpert, E. L. (1989). Critical period effects in second language learning: The influence of maturational state on the acquisition of English as a second language. *Cognitive Psychology, 21*(1), 60-99.

9 Lepper, M. R., & Greene, D. (1975). Turning play into work: Effects of adult surveillance and extrinsic rewards on children's intrinsic motivation. *Journal of Personality and Social Psychology, 31*(3), 479-486.

10 Robbins, S. P. (2005). *Organizational behavior.* Upper Saddle River, NJ: Pearson Prentice Hall.

11 Hirschi, T. (1969). *Causes of delinquency.* Berkeley, CA: University of California Press.

12 Grant, H., & Dweck, C. S. (2003). Clarifying achievement goals and their impact. *Journal of Personality and Social Psychology, 85*(3), 541-553.

13 Bastardi, A., & Shafir, E. (1998). On the pursuit and misuse of useless information. *Journal of Personality and Social Psychology, 75*(1), 19-32

에필로그

1 Dillard, J. P., & Shen, L. (2005). On the nature of reactance and its role in persuasive health communication. *Communication monographs,* 72(2), 144-168.

2 Miller, W. R., & Rollnick, S. (2012). *Motivational interviewing: Helping people*

change. Guilford press.

3 Feldstein Ewing, S. W., Filbey, F. M., Sabbineni, A., Chandler, L. D., & Hutchison, K. E. (2011). How psychosocial alcohol interventions work: A preliminary look at what fMRI can tell us. *Alcoholism: Clinical and Experimental Research, 35*(4), 643-651.

4 Amrhein, P. C., Miller, W. R., Yahne, C. E., Palmer, M., & Fulcher, L. (2003). Client commitment language during motivational interviewing predicts drug use outcomes. *Journal of Consulting and Clinical Psychology, 71*(5), 862-878.

KI신서 11535

나는 왜 꾸물거릴까?

미루는 습관을 타파하는 성향별 맞춤 심리학

1판 1쇄 발행 2023년 12월 13일
1판 5쇄 발행 2024년 8월 28일

지은이 이동귀, 손하림, 김서영, 이나희, 오현주
펴낸이 김영곤
펴낸곳 (주)북이십일 21세기북스

인문기획팀 팀장 양으녕 **책임편집** 서진교 **마케팅** 김주현
디자인 표지 studio forb **본문** 푸른나무디자인
출판마케팅영업본부장 한충희
마케팅2팀 나은경 한경화
영업팀 최명열 김다운 김도연 권채영
제작팀 이영민 권경민

출판등록 2000년 5월 6일 제406-2003-061호
주소 (10881) 경기도 파주시 회동길 201(문발동)
대표전화 031-955-2100 **팩스** 031-955-2151 **이메일** book21@book21.co.kr

ISBN 979-11-7117-220-7 03180